Phyllis Krystal

Monkey Mind

Die Zähmung unseres Verstandes

Sathya Sai Vereinigung e.V.

Titel der engl. Originalausgabe:
Taming our Monkey Mind
Insight, Detachment, Identity
Published by Samuel Weiser, Inc.
Ins Deutsche übertragen von Gert Meißner

Die Deutsche Bibliothek – CIP-Einheitsaufnahme

Krystal, Phyllis:
Monkey mind: die Zähmung unseres Verstandes / Phyllis Krystal. [Ins Dt. übertr. von Gert Meißner]. – 3. Aufl. – Dietzenbach: Sathya Sai Vereinigung 1999
ISBN 3-932957-01-6

3. Aufl. 1999

Sathya Sai Vereinigung e.V., Buchzentrum,
Grenzstr. 43, D-63128 Dietzenbach
Herstellung: Druckerei Sonnenschein, Hersbruck

Widmung

Dieses Buch widme ich Sri Sathya Sai Baba, der seine Entstehung ankündigte, noch bevor ich auch nur den Gedanken hatte, ein neues Buch zu schreiben, und der einen wunderschönen Füllfederhalter für mich materialisierte und mir dabei versicherte: „The book is in the pen! – Das Buch ist in diesem Federhalter!" Und hier ist es! – Danke Baba!

Inhalt

Teil II: Wie der Monkey Mind zu zähmen ist

Liste der Gedichte

Vorwort

Den Anstoß zu diesem Buch gab, wie schon zu den drei vorangegangenen, Sri Sathya Sai Baba auf die für ihn so typisch geheimnisvolle Weise. Er gibt nur selten spezifische oder klar definierte Anweisungen; vielmehr zieht er es vor, einen ungefähren Verlauf dessen vorzuschlagen, was zu tun ist, und überläßt uns dann die Entscheidung, ob wir diesem Vorschlag folgen wollen oder lieber einen eigenen Weg wählen. Er begründet dies damit, daß er unseren freien Willen immer respektiere und sich niemals über ihn oder unser Karma hinwegsetzen werde.

Sofern sich jedoch jemand in einer Situation befindet, in der er trotz aller Anstrengung zu einer Entscheidung über das weitere Vorgehen nicht fähig ist, wird Sai Baba nach meiner Erfahrung soviel an Information verfügbar machen, daß die richtige Lösung ersichtlich wird. Aber das tut er nur, wenn die betroffene Person den eigenen Willen wirklich beiseite gestellt hat und nicht auf ein bestimmtes Ergebnis wartet, wenn sie somit aufrichtig sagen kann: „Dein Wille geschehe, nicht der meine."

Während eines Aufenthaltes bei Sai Baba im Januar 1989 sagte er zu mir, ich solle nicht immer wieder kommen und gehen, sondern warten, bis das Buch, das ich gerade vollendet hatte, erschienen sei, um ihm dann eine Ausgabe zur Segnung mitzubringen. Mein Ehemann Sidney war klug und weitsichtig genug, um sofort zu erkennen, daß er in seiner Funktion als „Officer" der

Sathya Sai Society of America die nächste Weltkonferenz, die alle fünf Jahre in Indien stattfindet, mit Sicherheit besuchen würde, zumal da sie auf den 65. Geburtstag Sai Babas, Ende November 1990, fallen würde. Bevor ich also Zeit hatte zu antworten, fragte Sidney: „Zu deinem nächsten Geburtstag, Swami?“ Sai Baba wußte nur zu gut, wie ich auf so riesige Menschenmassen reagiere, wie sie zu seinem Geburtstag erwartet wurden, und antwortete mit einem hintergründigen Lächeln, das mir galt: „Ja, Swami wäre sehr glücklich darüber!“ Im Unterschied zu Sidney dachte ich nicht schnell genug daran zu fragen, ob er wünschte, daß wir in diesem Jahr zweimal kämen, falls das fragliche Buch vor unserem geplanten Besuch erscheinen würde. Wie üblich erwartete Sai Baba, daß ich mit der nötigen Geduld den richtigen Zeitpunkt für die Reise selbst herausfinden würde.

Das Buch erschien wie geplant im Juni 1990. Inzwischen hatten wir uns entschlossen, den Feierlichkeiten zum 65. Geburtstag nicht beizuwohnen. Zu diesen Anlässen findet sich immer eine riesige Menschenmenge im Ashram ein, und es herrscht enormer Trubel. Eine Folge davon ist, daß Sai Baba nur wenige persönliche Interviews gibt. Auch ist er während des *darshan* nicht so gut zu sehen, wie zu anderen Zeiten im Jahr.

Wir waren bei den großen Feiern zum 50., 55. und 60. Geburtstag zugegen gewesen, und jedesmal war die Flut der Gäste noch mehr angeschwollen. Da wir nicht mehr die jüngsten sind, wirken solche großen Menschenmengen sehr ermüdend auf uns. Als ich dann hörte, daß zwei Freunde für Ende Juni eine Reise nach Indien planten – und Sidney zu diesem Zeitpunkt nicht reisen wollte –, entschied ich, mich ihnen anzuschließen und genau das zu tun, worum mich Sai Baba gebeten hatte, nämlich ihm eine Kopie des neuen Buches zu überbringen, „sobald es erschienen ist".

Während eines Interviews am Ende jenes Kurzbesuches sagte er mir dreimal in sehr ernstem Ton und mit genauso ernster Miene, daß ich zu seinem 65. Geburtstag zurückkommen *mußte.* Daraufhin beschlossen wir beide, auch Sidney, den Feierlichkeiten doch beizuwohnen. Nach all den Jahren habe ich gelernt, daß Sai Baba nie etwas sagt, ohne daß ein sehr wichtiger Hinweis für die Person darin enthalten wäre, zu der er gerade spricht. Des weiteren habe ich gelernt, daß die Bedeutung seiner Worte gewöhnlich auf mehreren Ebenen zum Tragen kommt, nicht nur an der sichtbaren Oberfläche. Obgleich wir keine Ahnung hatten, warum er so sehr darauf bestand (was an sich schon ungewöhnlich war), wußte ich aus eigener Erfahrung, daß ich seinen Anordnungen absolut vertrauen konnte, und so kamen Sidney und ich Mitte November unter Tausenden anderer Anhänger rechtzeitig im Ashram an, um uns auf die bevorstehenden Ereignisse vorzubereiten.

Das Getriebe war tatsächlich genauso groß, wie wir es uns vorgestellt hatten. Und es war einfach unglaublich zu beobachten, wie diese riesigen Menschenmengen aus so vielen Ländern der Erde – ganz zu schweigen von den Anhängern, die aus allen Teilen Indiens angereist waren – untergebracht und verköstigt wurden. Viele von ihnen, dessen war ich sicher, hatten sich die Kosten dieser Reise vom Munde abgespart, ob sie nun mit dem Flugzeug aus Übersee kamen oder aus den Städten und Dörfern Indiens; und viele hatten mehrere Tage für diese Anreise gebraucht. Sie waren mit dem Auto, dem Zug, auf dem Bus und mit dem Ochsenkarren, ja sogar zu Fuß gekommen. Schwindelerregend war es fast und äußerst ermutigend, Zeuge dieser intensiven Verehrung zu sein, die hier so eindrucksvoll demonstriert wurde.

Sai Baba war wie üblich der perfekte Gastgeber, und überschüttete die vielen Tausende seiner eifrigen Devotees, die ihm zu seinem Geburtstag die Ehre gaben, mit seiner Liebe. An den Festtagen selbst gab es überall riesige Menschenansammlungen, und die Atmosphäre war von ihrer Erregung elektrisch aufgeladen. Fast konnte man die Energie greifen, und sie bewirkte, daß sich jeder, selbst unter diesen extremen und nicht sehr komfortablen Bedingungen, genau richtig verhielt. Der indische Ministerpräsident war eingeladen, die Eröffnung des neuen Museums offiziell vorzunehmen, das Ausstellungsstücke aus all den Ländern enthielt, in denen es Anhänger Sai Babas gab, sowie aus allen Weltreligionen. Regelmäßig fanden Sitzungen statt, in denen Delegierte die Aktivitäten ihrer Organisationen diskutieren konnten.

Eine gigantische Statue Hanumans, des Affengottes, war so aufgestellt worden, daß sie über das große Spielfeld blickte, und wir waren unter den Glücklichen, die ihrer offiziellen Einweihung durch Sai Baba beiwohnen konnten. Die Pläne eines neuen Krankenhauses, das in der Nähe des Ashrams entstehen sollte, wurden von Sai Baba im Rahmen einer eindrucksvollen Zeremonie gesegnet, bei der wir auch zugegen waren. Sai Baba hielt viele Ansprachen, die für all diejenigen ins Englische übersetzt wurden, die das Telegu nicht verstanden, die Sprache, die er gewöhnlich gebraucht.

Am Tag vor unserer geplanten Abreise wurden wir zusammen mit mehreren anderen Besuchern aus dem Westen zu einem Interview gerufen. Plötzlich wandte sich Sai Baba der Stelle zu, an der ich zusammen mit anderen Besuchern saß und verkündete: „Sie werden ein weiteres Buch schreiben, Mrs. Krystal." Kommentare oder Fragen, die er an seine Devotees richtet, kommen todsicher immer völlig unerwartet, was ihm sichtlich Freude bereitet, denn er hat sein Vergnügen daran, wenn er jemanden überrumpelt hat. Da ich bis dahin nicht vorhatte, ein neues Buch zu schreiben, brachte mich diese Äußerung durcheinander, und ich wußte nicht, wie ich antworten sollte, denn der Ton seiner Stimme verriet mir nicht, ob er eine Frage gestellt oder eine Feststellung gemacht hatte. Schließlich antwortete ich mit einem neutralen „Ja, Baba".

Dann fragte er, wie es seine Gewohnheit ist: „Wie lautet der Titel?" Worauf ich die gleiche Antwort gab, die ich schon zuvor auf diese Frage gegeben hatte: „Den Titel weiß ich nie im voraus, Swami." Er lächelte liebevoll und beruhigte mich, indem er sagte: „Swami wird ihn liefern." Dann brachte er mit jenem allseits bekannten Kreisen seiner rechten Hand einen wunderschönen, schlanken, silberglänzenden Füllfederhalter zum Vorschein, der mit Gold und grün-blauer Emaille besetzt war und sagte dabei: „Das Buch ist in diesem Füllfederhalter." Er nahm ein Stück Papier und kritzelte darauf, um sicherzugehen, daß der Füller auch mit Tinte gefüllt sei. Zufrieden mit dem Ergebnis überreichte er ihn mir. Ich sagte: „Oh, danke Baba", was er mit einem breiten Lächeln quittierte: „Keine Ursache." Darauf brachen alle in Lachen aus, und ich auch, denn er imitierte dabei den Akzent und den Tonfall meiner Stimme.

Ich war überrascht und freute mich und fand alles höchst amüsant. Weil mir am Computer die Augen brennen und ich dann Kopfschmerzen bekomme, schreibe ich immer mit einem Federhalter und tippe das Geschriebene später in die Maschine. Ich wußte, daß Sai Baba diese Gewohnheit kannte, denn als ich ihm einmal einen Stapel handgeschriebener Blätter eines Buches überreichte, das ich damals schrieb, bezeichnete er meine Schreibkunst als „Kratzer wie von Krähenfüßen", was auch stimmt, denn für jemand anderen ist meine Handschrift unleserlich, außer natürlich für Sai Baba!

Zu einem späteren Zeitpunkt sagte mir Sai Baba in diesem Interview, ich solle ihm das neue Buch zur Segnung bei der Eröffnung des neuen Krankenhauses bringen, das damals in der Planung war. Ich fragte, wann das der Fall sein würde, und er antwortete mit einem vielsagenden Blick: „Am Tag vor Swamis nächstem Geburtstag, am 22. November 1991." Ohne vorher zu überlegen, hörte ich mich sagen: „ O Baba, du wirst dich beeilen müssen, wenn du mit meiner Hand in nur einem Jahr ein ganzes Buch schreiben willst." Darauf lachte er und erwiderte: „Swami wird sich beeilen."

Erst später hatte ich Gelegenheit, den Füllfederhalter genauer zu betrachten. Als ich die Kappe abnahm, sah ich zu meinem Entzücken eine altmodische Feder, wie sie zur Zeit meiner Kindheit in England gebräuchlich waren. Bei näherem Hinsehen entdeckte ich das Wort „Parker" in die Feder eingraviert, und auf dem Goldband an der Kappenöffnung standen die Worte „Made in UK". Meine erste Reaktion war: „Wie passend, ich wurde auch in England gemacht", denn ich bin ja dort geboren.

Im Laufe vieler Jahre hat Sai Baba zahlreiche Gegenstände wie Uhren und Federhalter aus dem Nichts zum Vorschein gebracht, und sie alle trugen den Namen der Firma oder des Landes, in dem sie hergestellt waren. Viele haben dies als Beweis dafür gesehen, daß Sai Baba einfach Zaubertricks vorführe und diese Gegenstände nicht eigentlich materialisiere. Mit andern Worten, sie unterstellen ihm einen Betrug oder eine

Hochstapelei und verlieren so den Glauben an ihn und seine Lehren. Die folgende Geschichte erklärt vielleicht, wie Sai Baba solche Geschenke zustande bringt.

Ein Mann aus einem europäischen Land war unter den Besuchern, die zu einem Interview gerufen wurden. Sai Baba entschied sich für eine goldene Uhr, die er mit einer raschen Bewegung seiner Hand materialisierte. Er gab sie besagtem Mann, der sich sehr darüber freute, aber sich gleichzeitig Sorgen machte, ob er die Uhr bei seiner Ausreise aus Indien auch durch den Zoll bringen würde. Geistesgegenwärtig äußerte er diese gegenüber Sai Baba, der das Problem sofort erkannte und den Mann einen Augenblick warten hieß. Dann schwenkte er zur Überraschung aller Anwesenden abermals seine Hand in der üblichen Kreisbewegung und förderte eine Rechnung zutage, auf dem der Name eines Ladengeschäftes in der Heimatstadt des Mannes abgedruckt war. Mit einem strahlenden Lächeln händigte er dieses Verkaufsdokument dem völlig verdutzten Manne aus und versicherte ihm dabei: „Jetzt wirst du keine Probleme haben."

Nicht lange nach seiner Rückreise wollte der Mann dieser Angelegenheit nachgehen und stattete dem Geschäft, das auf der Rechnung vermerkt war, einen Besuch ab. Er fragte dort, ob sich jemand daran erinnern könne, wer diese Uhr gekauft habe, die er dem Verkäufer vorlegte. Dieser antwortet ohne Nachdenken: „Den Verkauf dieser Uhr wird niemand von uns so schnell vergessen, denn der Kunde sah sehr ungewöhnlich aus. Er trug ein langes orangerotes Gewand und hatte eine Afro-Frisur. Noch sonderbarer aber war, daß er ein paar Minuten nach dem Kauf der Uhr wiederkam und eine Rechnung verlangte, und dann sofort wieder verschwand."

Ich selbst konnte den Kauf meines Füllfederhalters nicht in ähnlicher Weise nachprüfen, aber ich vermute, daß irgend jemand in England in irgendeinem Uhrenladen eine ähnliche Geschichte erzählen kann. Aus solchem Stoff sind die rätselhaften Erzählungen, die sich um Sai Baba ranken. Er selbst gibt keine Erklärungen über diese erstaunlichen Vorgänge ab und zieht es offensichtlich vor, die Leute zu ihren eigenen Schlüssen kommen zu lassen. Manche werden seine Glaubwürdigkeit anzweifeln, anderen wird der Glaube an seine übernatürlichen Kräfte dadurch gestärkt werden. Und das entspricht ganz dem, was er selbst dazu sagt: „Als ob ein starker Wind die Spreu vom Weizen trennt", werden die Ungläubigen von den Gläubigen getrennt.

Ich wußte also, daß ich im darauffolgenden Jahr abermals zu seinem Geburtstag zurückkommen und Sai Baba ein neues, fertiggestelltes Buch zur Segnung vorlegen würde. Und ganz sicherlich würde er es entsprechend meiner Bitte durch mich schreiben müssen, denn ich hatte weder eine Vorstellung vom Titel noch vom Inhalt. Aber ich hatte gelernt, Sai Baba zu vertrauen, und war deshalb sicher, daß er sowohl den Titel als auch das Buch selbst liefern würde, wie er es versprochen hatte, denn es war ja „im Füllfederhalter enthalten"; das hatte er auf seine verschmitzte Art gesagt.

Schon vor dieser Episode war mir flüchtig der Gedanke durch den Kopf gegangen, daß ich wahrscheinlich in naher Zukunft ein Buch über meine aktuelle Arbeit mit negativen Gedankenformen schreiben sollte. Ich hatte sogar einmal ein paar Ideen notiert, dann aber das Ganze sehr schnell als verfrüht abgetan. Auch hatte ich mit der Idee gespielt, daß ich zu einem späteren Zeitpunkt mein Versprechen einlösen und die von mir verfaßte Broschüre über Sai Babas Programm zur Begrenzung der Wünsche erweitern wollte; aber auch das hatte ich zurückgestellt.

Interessanterweise schoß mir noch bevor ich Indien verließ eines Morgens bei der Meditation das Thema des neuen Buches durch den Kopf, es lautete: *Sathya Sai Baba und unser Monkey Mind.* Also hatte Sai Baba sein Versprechen gehalten und mir das Thema zukommen lassen, und auch noch so schnell. Sobald der Titel feststand, begannen die groben Umrisse in meinem Kopf Gestalt anzunehmen, und alle Einzelteile fingen an, sich zu einem feinen Mosaik zu ordnen. Ich erkannte, wie die einzelnen Erlebnisse, die wir bei diesem Zusammensein mit Sai Baba hatten, den Weg wiesen, der, ohne daß ich es wußte, zum Thema des Buches führte. Die beiden Buchkonzepte, die ich bei früherer Gelegenheit so beiläufig hintangestellt hatte, würden darin gemeinsam verwirklicht werden: der Monkey Mind und die Gedankenformen, die er hervorbringt, und das Programm zur Begrenzung der Wünsche sowie andere Methoden, die den Mind so trainieren, daß er dem Beispiel Hanumans folgt, des Affengottes, der die Befreiung durch den Dienst für Rama erlangte, die Symbolfigur für das wahre Selbst in jedem von uns.

Dann erinnerte ich mich, daß wir auch zugegen waren, als Sai Baba die neue Hanumanstatue enthüllte und daß ich gebeten worden war, während der Konferenz für alle Devotees aus Übersee einen kleinen Vortrag über das Programm zur Begrenzung der Wünsche zu halten. Ohne mein Wissen war also während unseres Besuches alles für dieses Buch vorbereitet worden. Und ich konnte mich nicht genug darüber wundern, wie sich scheinbar unzusammenhängende Ereignisse zu einem klaren Muster zusammenfügen, wenn die Zeit dafür reif ist, wenn wir nur die Geduld aufbringen und auf diesen Zeitpunkt warten können und den Dingen nicht aus lauter Ungeduld unseren eigenen voreiligen Zeitplan aufzwingen.

Nun war es meine Aufgabe, auf die richtigen Momente zu achten, in denen das Buch mit Sai Babas Hilfe durch mich hindurchfließen konnte. Und ich konnte beruhigt und sicher sein, daß es im November 1991 fertiggestellt sein würde, um seinen Segen zu empfangen, wie er verlangt hatte.

Danksagung

Zuallererst möchte ich Sri Sathya Sai Baba für die enorme Unterstützung und Ermutigung danken, die er allen so großzügig zukommen läßt, die ihn darum bitten und bereit sind, ihm die Führung in ihrem Leben zu überlassen.

Ich danke meiner Tochter Sheila für die redaktionelle Betreuung des Manuskriptes, die sie mit der gleichen Sorgfalt wie bei den vorhergehenden Büchern besorgte.

Mein Dank gilt auch Peggy Lenney, die im Rahmen ihres *seva,* ihres freiwilligen und selbstlosen Dienstes, das Manuskript geduldig und unermüdlich in ihren Computer eingab. *Seva,* so versichert uns Sai Baba, ist für unser spirituelles Wachstum von großer Wichtigkeit.

Und, last but not least, danke ich meinem Mann Sidney für die nie nachlassende Unterstützung meiner Arbeit. Seine Unterstützung hat es mir erst ermöglicht, dieses Buch zu schreiben und Seminare in vielen weit entfernten Orten dieser Erde abzuhalten.

„Eure Aufgabe ist es, alles loszulassen. Gebt alle eure Pläne auf, auch die besten, laßt ab von allen Theorien, die ihr euch zurechtgelegt habt, laß alle Doktrinen los, die euch so lieb und teuer sind, alle Wissenssysteme, die euer Gehirn verstopfen, die Vorlieben, die ihr euch angeeignet habt, euer Streben nach Ruhm, nach Vermögen und Gelehrsamkeit und auch danach, auf irgendeine Art besser zu sein als die andern. Das alles ist materiell ausgerichtet. Kehrt erst in die materielle Welt zurück, wenn ihr euch des *atman* bewußt geworden seid. Dann werdet ihr erkennen, daß alles ein Spiel des *atman* ist."

– Sri Sathya Sai Baba

Teil I

Den Monkey Mind erkennen

Kapitel 1

Einführung

Als ich damit begann, dieses Buch niederzuschreiben, kamen alle möglichen halbvergessenen Erfahrungen und Erinnerungen aus der Vergangenheit an die Oberfläche. Wie ich sie mir ansah, wurde mir nach und nach klar, daß viele scheinbar unzusammenhängende Zufälle in meinem Leben den Weg für dieses Buch bereitet hatten. Jetzt brauchte ich das Ganze nur noch unter einer Perspektive zu ordnen und anderen mitzuteilen.

Als ich zum Beispiel noch in England auf die Schule ging, entdeckte ich die Romanreihe von John Galsworthy, zu der auch die Bücher *The Forsyte Saga* und *A Modern Comedy* gehören; ich verschlang sämtliche Bände auf der Stelle. Ich genoß sie alle in hohem Maße, aber nur eines verfolgte mich über alle die Jahre hinweg, es war *The White Monkey*. Der Titel war einer chinesischen Malerei entnommen, die in der Handlung eine durchgehende Rolle spielte. Sie stellt einen großen weißen Affen dar mit beeindruckend traurigen, braunen Augen, der eine orangenähnliche Frucht in der Hand hält und gerade dabei ist, sie zu essen. Die Schalen der Früchte, die er schon verzehrt hat, liegen um ihn verstreut auf dem Boden. Als eine der Hauptfiguren des Buches das Bild zum erstenmal sieht, macht sie die Bemerkung, es sei „eine beißende Satire, eine perfekte Allegorie des Leben. Iß die Früchte des Lebens und wirf die Schalen einfach hinter dich." Aus dem Mienenspiel des Affen konnte man ablesen, daß er vom Leben noch etwas mehr erwartete, denn er schien darüber traurig oder zornig zu sein, daß er dieses Etwas nicht bekommen konnte, und er würde nicht glücklich sein, bis er es bekäme. Sein Problem war, daß er nicht wußte, wonach er suchte. Und so spiegelten seinen Augen die ganze Tragödie dieses irdischen Lebens wider.

Diese Malerei versinnbildlichte jenes menschliche Dilemma, das Sai Baba mit dem Begriff „Monkey Mind" ausdrückt: der Mind, der uns dazu verleitet, die Befriedigung unserer Wunschträume im Außen zu suchen und damit in Abhängigkeit zu äußeren Dingen zu geraten, der uns aber gleichzeitig daran hindert, in uns selbst die wahren und unvergänglichen Früchte des Lebens zu suchen; die einzigen, die wirklich bleibende Zufriedenheit vermitteln können.

Viele Jahre nachdem ich dieses Buch gelesen hatte, tauchte die Erinnerung an den weißen Affen wieder auf. Es war während einer Sitzung, in der ich vergangene Leben aufarbeitete. Vor meinem inneren Auge lief dabei eine Szene ab, die mir zu jenem Zeitpunkt meines Lebens völlig fremd war. Sie schien sich in Tibet abzuspielen. Als sie sich allmählich entfaltete, begann ich, mich mit einem jungen Mann zu identifizieren, der, wie ich mit der Zeit verstand, ein Mönch war. Offensichtlich hatte er sich in einer Höhle einmauern lassen, die hoch in den Bergen über dem Kloster lag, dem er angehörte. Dieser freiwillige Rückzug war ein Bestandteil seiner spirituellen Praxis, der dazu dienen sollte, die eigene wahre Identität zu finden. Von der Höhle aus hatte er telephatischen Kontakt zu seinem Meister, dem Hohen Lama, der seine Übungen vom Kloster aus überwachte.

Die Aufgabe, die der Lehrer seinem Schüler gegeben hatte, bestand darin, die Symbole für seine Wünsche zu beobachten, und zwar immer nur eines nach dem andern, und sie dann loszulassen, indem er die Energie, die er darin gebunden hatte, völlig herauspreßte, um sie dann wie leere Schalen wegzuwerfen. Gleichzeitig mit diesem Wiedererkennen tauchte blitzartig die Erinnerung an den weißen Affen auf, und ich stellte sofort die Verbindung her zwischen jener Darstellung unserer instinktgebundenen Gier und der Aufgabe, die sich der Mönch gestellt hatte, nämlich alle seine Wünsche loszuwerden. Es bestand jedoch ein großer Unterschied; während der Affe seine Gier nach der süßen, saftigen Frucht befriedigte und nur die leeren Schalen übrigließ, preßte der junge Lama die ganze Energie aus den Symbolen seiner verschiedenen Wünsche, bis nur noch ein großer Haufen von Schalen übrigblieb, und er sich von ihrer Kontrolle über seine Gedanken und damit über sein Leben völlig befreit hatte.

Und eine weitere Erinnerung an ein sehr frühes Ereignis in meinem jetzigen Leben konnte ich einordnen. Immer hatte ich mich gewundert, warum dieses besondere Ereignis sich gegenüber allen andern so klar abhob und so lebendig in mein Gedächtnis eingegraben war, so als wäre es gerade geschehen. Ich mußte damals etwa drei oder vier gewesen sein. Meine Mutter hatte einen Korb voller großer, reifer, roter, köstlich aussehender Erdbeeren gekauft, die sie in eine Schale füllte. Wir beide saßen am Tisch und hatten jeder einen Teller vor uns, und sie war dabei, mir eine kleine Lektion in Selbstlosigkeit zu erteilen, eine Eigenschaft, die sie besonders schätzte. Da ich ein Einzelkind war, befürchtete sie immer, ich würde ein „verwöhntes Gör" werden, so drückte sie sich häufig aus. Wie das Kinder so tun, nahm ich die größte Erdbeere. Meine Mutter nahm dies zum Anlaß für einen strengen Vortrag zum Thema Selbstlosigkeit: Ich müßte lernen, selbstlos zu sein und immer den anderen das beste und größte Stück von allem zukommen zu lassen. Dann nahm sie prompt die große Erdbeere, legte sie auf ihren Teller und wies mich an, eine kleinere zu nehmen.

Ich erinnere mich noch gut, daß ich selbst in jenem Alter von dieser kleinen Szene sehr irritiert war. Warum, fragte ich mich, muß ich mich immer mit etwas Schlechterem zufrieden geben und den andern das Bessere überlassen? War es deshalb so, weil ich selbst so schlecht war oder so unbedeutend oder weil ich etwas Besseres nicht verdient hatte? Ließ man damit nicht zu, daß andere selbstsüchtig handelten, während ich lernte, selbstlos zu sein? Keine dieser Fragen wurden jemals beantwortet, denn an meine Mutter Fragen zu stellen oder nicht einer Meinung mit ihr zu sein, war in ihren Augen unverschämt, und das war eine weitere große Sünde. Und so war ich alleingelassen mit dem Gefühl, unwert zu sein, und mit der Botschaft, daß jede Art von Egoismus Todsünde und Selbstlosigkeit die höchste Tugend sei.

Heute, da ich meine eigene Ansicht zu dieser ganzen Fragestellung habe, sehe ich, daß meine Mutter auf der richtigen Spur war. Sie war nur nicht klug genug, mir dies in einem Alter klar zu machen, in dem ich es besser verstanden hätte, ohne Herabsetzung meiner eigenen Person und ohne daß mein Selbstwertgefühl gelitten hätte. Natürlich paßt auch dies zusammen mit allen anderen Einsichten zum Thema dieses Buches.

Wenn ich von meinem jetzigen Standort zurückblicke, dann sehe ich, daß mir dieses Leben die Gelegenheit geboten hat, eine sehr schwierige Lektion zu lernen: nämlich nicht an dem festzuhalten, was ich mir am meisten wünschte, und bereitwillig zu akzeptieren, was ich ursprünglich nicht wollte. Dies ist natürlich rein subjektiv zu betrachten, denn was ich persönlich möchte, muß jemand anderes nicht auch wollen, und jemand anderes mag sich etwas wünschen, was mir gleichgültig ist. So war es mir zum Beispiel nicht möglich, den Beruf Karriere zu ergreifen, den ich mir sehnlichst gewünscht hätte, nämlich Chirurgin. Die einzig gangbare Alternative zu jener Zeit war die Ausbildung zum Lehrberuf, vor der mir schauderte, die ich aber schließlich akzeptierte.

Heute bin ich jedoch überzeugt davon, daß sich alles zum besten ergab und mich auf das vorbereitete, was ich jetzt tue, auch wenn ich dies damals sicherlich nicht vorhersehen konnte. Es war auch – in sehr beschränktem Maße – eine Vorbereitung auf Sai Babas Lehre über das Loslassen. Als ich Sai Baba zum erstenmal traf, materialisierte er für mich einen Ring mit einem Mondstein und wies mich an, die Mitte meiner Stirn damit zu reiben, wenn ich dort Kopfweh verspürte. Dies war wiederum ein Hinweis auf das Leben in Tibet, in dem der junge Mönch seine Stirn an die Steinmauer seiner Zelle schlug, um den Fluß der Bilder zu stoppen. Er war zu dieser Verzweiflungstat getrieben worden, als die telephatische Verbindung zu seinem Meister abbrach und er mit der Aufgabe, sich von allen Wünschen zu befreien, ohne Hilfe alleingelassen wurde.

Zu einem späteren Zeitpunkt gewährte mir Sai Baba ein ganzes Interview, das ausschließlich dem Programm zur Begrenzung der Wünsche gewidmet war, offensichtlich unter der Perspektive, daß ich bereit war, andern darüber zu berichten, das heißt, über meine eigenen Erkenntnisse und Erfahrungen und die anderer, die es praktizierten, zu schreiben und zu sprechen.

Es war wirklich ein wunderbares Gefühl, als sich all diese ganz verschiedenartigen Lernerfahrungen auf diese Weise zusammenfügten, und gleichzeitig zu sehen, wie dieses Buch, schon lange bevor mir Sai Baba den Füllfederhalter zu seiner Niederschrift gegeben hatte, in die Wege geleitet worden war. Alles, was wir je erfahren haben, kann auf positive Weise als Lernerfahrung genutzt werden, wenn wir bereit sind, die angebotenen Lektionen zu erkennen und sie anzunehmen. Aber dies ist keineswegs eine einfache Aufgabe, und wir können sie nur meistern, wenn wir bereit sind, Sai Baba um Unterstützung dabei zu bitten.

Kapitel 2

Der Monkey Mind

Was also hat es mit diesem „Monkey Mind", mit diesem rastlosen Affen im Kopf, genau auf sich? Sathya Sai Baba sagt oft von einer bestimmten Person, sie habe einen „Affen im Kopf", in manchen Fällen sogar einen „verrückten Affen" (mad monkey mind). Als ich ihn das zum erstenmal sagen hörte, konnte ich mir nicht erklären, was er damit meinte. Wohl verstand ich, daß sich dahinter nicht gerade eine Schmeichelei verbarg, sondern eher das Gegenteil. Und mein eigener rastloser Geist fing sofort an, die Botschaft zu dechiffrieren, die darin verschlüsselt zu sein schien.

Vor allem im Süden Indiens, wo Sai Baba seinen Ashram hat, ist es ein alltäglicher Anblick, wenn eine Herde Affen durch die Äste eines Baumes turnt, den sie sich als Spielplatz erkoren hat, oder unten am Boden vorbeiflitzt. Die Weibchen tragen zumeist ein Baby, das sich kopfüber hängend am Bauch der Mutter festklammert, um beim Rennen, Springen und Durch-die-Luft-Fliegen nicht herunterzufallen. Es ist eine kurzweilige Unterhaltung, das verspielte Treiben dieser Affen zu beobachten; vor allem die Affenbabys, die mit weitgeöffneten Augen das Geschehen verfolgen, sind putzig anzusehen. Auf was immer ihr Blick zufällig haften bleibt, da rennen sie hin, oder genauer gesagt, davon lassen sie sich *ab-lenken*. Es sind vor allem Nüsse und Früchte, die sie liebend gern verzehren, und glitzernde oder buntfarbene Gegenstände, die ihre Neugier wecken. „Zugreifen und losrennen", lautet scheinbar die Devise, und sie sind in der Tat berüchtigte Diebe. „Nun ja", dachte ich bei mir, „die Menschen sind diesen Affen tatsächlich sehr ähnlich. Wie leicht lassen sie sich von allem möglichen ablenken, das dann ihre Gedanken rastlos beschäftigt und nie zur Ruhe kommen läßt."

Um Sai Baba zu zitieren: „Die Gedanken eines Menschen kann man am ehesten mit einem Affen vergleichen! Ja sie sind eher noch rastloser, denn sie springen im Bruchteil einer Sekunde zwischen Dingen hin und her, die riesige Distanzen in Raum oder Zeit voneinander entfernt sein können. Sie springen von einem Wunsch zum nächsten, und wir tendieren dazu, uns völlig in ihren Fußangeln zu verwickeln."

Sai Baba erzählt dann oft eine kleine Geschichte, die seine Erläuterungen plastisch veranschaulicht. Diese Geschichten sind immer sehr einfach, denn er greift auf Themen, Schauplätze und Aktivitäten aus dem Alltag zurück, die jedermann vertraut sind, wenn er seine Unterweisungen noch deutlicher machen will. Oft zitiert er auch Auszüge aus den großen indischen Epen, wie dem Ramayana, dem Mahabharata, oder der Bhagavadgita. Und auf folgende Weise hat er einmal den Monkey Mind beschrieben: „Wir wollen zum Beispiel die folgende Frage näher betrachten: Muß der Mensch Sklave von äußeren Gegenständen und der Anziehung sein, die sie auf ihn ausüben? Oder ist es ein innerer Impuls, der ihn dazu treibt, sich immer mehr Sorgen aufzuladen? Ich gebe euch ein Beispiel. Es gibt in den Dörfern Leute, die von Berufs wegen Affen fangen; dabei gehen sie nicht zimperlich vor. In Obsthainen oder Gärten, die häufigen Plünderungen ausgesetzt sind, stellen sie mehrere Tongefäße mit engem Hals auf und plazieren darin eine Handvoll Erdnüsse. Wenn sich nun ein Affe nähert, bemerkt er bald die köstlichen Nüsse, steckt seine lange Hand hinein und greift sie mit der Faust. Nur um sogleich festzustellen, daß der Arm plötzlich nicht mehr herausgeht; der Hals des Kruges ist einfach zu eng für die Faust mit den Nüssen. Hilflos und verloren sitzt der Affe nun da und kann leicht eingefangen und abtransportiert werden. Hätte er seinen Griff gelockert und die Nüsse losgelassen, wäre er leicht entkommen! So seid auch ihr Opfer eurer Wünsche und aller Verwicklungen und Abhängigkeiten, die daraus entstehen. Ihr werden von Fesseln gehalten, die ihr euch selbst angelegt habt. Ebenso liegt aber auch die Befreiung in eurer eigenen Hand. Vertieft euch in den unveränderlichen Glanz Gottes; dann wird der Wunsch nach den Vergänglichkeiten dieser Erde allmählich verschwinden, und ihr seid befreit."

Es gibt noch eine andere, leicht abgeänderte Version ebendieser Geschichte, die Sai Baba immer wieder erzählt: „Die berufsmäßigen Affenfänger stellen einen Krug mit einer kleinen Öffnung auf und legen ein paar Süßigkeiten hinein. Der Affe steckt seine Hand gierig in den Krug und greift sich möglichst viele von den Süßigkeiten. Nun wird es ihm unmöglich sein, die Hand wieder durch die Öffnung zurückzuziehen. Nur wenn er seine Hand öffnet und die Süßigkeiten losläßt, kann er sie wieder herausziehen. Seine Gier nach den Süßigkeiten hält seine Hand fest. Nur weil er mit der Hand nach dem Fressen gegriffen hat, um seine Gier zu befriedigen, kommt er von dem Krug nicht mehr los.

Diese weite Welt gleicht dem Krug, und die Situationen, in die wir in unserem Leben geraten, gleichen seiner engen Öffnung. Unsere Wünsche aber sind die Süßigkeiten in diesem Krug. Die Welt enthält Wünsche wie der Krug die Süßigkeiten, und der Mensch greift nach ihnen. Läßt er seine Wünsche los, wird er auf dieser Welt frei leben können. Um diese Freiheit zu erlangen, muß er aber als erstes Opfer bringen. Der religionsphilosophische Begriff dafür ist Entsagung. Wir glauben, daß es die Welt ist, die uns festhält, aber die Welt hat keinen eigenen Antrieb. Es sind in Wirklichkeit unsere Wünsche, die uns binden."

Diese kleinen Beispiele lassen den Begriff Monkey Mind in seiner ganzen Bedeutung verständlich werden und bringen ihn auf den wesentlichen Punkt: den Wunsch. Sai Baba sagt immer wieder, wenn es uns gelänge, unsere Wünsche loszulassen, könnten wir Erleuchtung erlangen, d. h. uns mit unserem wirklichen Selbst identifizieren, das nicht identisch ist mit der körperlichen Hülle, in der es wohnt. Es ist ganz und gar eine Frage des Festhaltens. Aber an was halten wir denn fest, daß es uns zu einer Falle wird, und es anderen Menschen, aber auch Ideen, Dingen, Lebensumständen und einer ganzen Reihe weiterer Abhängigkeiten erlaubt, Macht über uns zu gewinnen?

Sai Baba erklärt dazu, wir seien eigentlich drei Personen. „Ihr müßt herausfinden, was andere denken, wer ihr seid. Sie haben es zunächst mit einem Körper zu tun, mit einem bestimmten Namen und einer sichtbaren Gestalt. Dann müßt ihr herausfinden, was ihr selbst denkt, wer ihr seid. Ihr seid euch euerer Gedankenwelt bewußt und der Affenstreiche, die sie euch spielt, ihrer Vorurteile und Vorlieben, ihrer Leidenschaften und Umtriebe. Ihr seid euch auch eines individuellen Bewußtseins bewußt, eurer ureigenen Version des „Ich" und des „Mein". Ihr müßt euren Verstand als ein Instrument erkennen lernen, das euch verletzen kann, wenn es unklug gebraucht wird, das aber sehr hilfreich sein kann, wenn es weise eingesetzt wird. Und dann gibt es da noch ein weiteres Ich, das ihr kennenlernen müßt, das Ich, das ihr wirklich seid. Denn ihr seid weder euer Körper noch euer Verstand, weder euer Intellekt noch euer Gehirn, noch das Herz oder das Ego. Ihr seid das Unendliche Universelle Absolute." Was man erreicht, wenn man sich einer solchen Aufgabe stellt, wie er sie hier vorschlägt, ist wahres Glücklichsein, ein Glücklichsein, das jedoch nicht auf Besitztümern und äußeren Umständen gründet, sondern auf der inneren Gewißheit, die aus solchem Gewahrsein resultiert.

Was also hat es nun eigentlich mit dem Mind auf sich und wie arbeitet er? Sai Baba sagt, der Mind ist ein Werkzeug, wie auch die fünf Sinne – das Sehen, Hören, der Geschmack-, Geruchs- und Tastsinn – ebenfalls Instrumente sind, die allesamt eingesetzt werden sollten, um Informationen über die äußere Welt zu sammeln. Der Mind ist dabei die vorrangige Instanz, die die Sinne kontrollieren und leiten soll. Doch für gewöhnlich ist es so, daß er eher der Sklave der Sinne ist, obgleich sie rechtmäßig ihm dienen sollten. Und genau diese Umkehrung der Rollen ist es, die uns in die Abhängigkeit führt. Um Baba noch einmal zu zitieren: „Das Hauptcharakteristikum des Mind ist es, hin und her zu flitzen, und zwar durch die Fenster der Sinne in die äußere Welt der Farben, der Laute, Gerüche und der Berührung. Allzuleicht läßt er zu, daß die Sinne ihn zum Festhalten an äußeren Objekten verführen, und auf diese Weise wird der Wunsch, die Sehnsucht, die Gier nach diesen Objekten geweckt. Alle Wünsche jedoch haben ihren Ursprung im physischen Körper, in dem das wirkliche Selbst nur für eine bestimmte Zeit Wohnung nimmt. Der Mind kann jedoch gezähmt und auf das Höhere Selbst ausgerichtet werden, das ihm dann Meister und Führung wird."

Und auf noch andere Weise beschreibt Sai Baba den Mind: „Der Mind ist kein unbeschriebenes Blatt Papier. Die Lebensweisen und Erfahrungen einer ganzen Reihe von Wiedergeburten haben ihre Spuren darin hinterlassen. Auch die Auswirkungen vieler Taten, die auf körperlicher Ebene geschehen sind, haben den Mind geprägt. Somit kann man von ihm sagen, daß er mit Gedanken und Wünschen angefüllt ist.“ Der Mind ist also genausowenig das eigentliche Selbst wie der Körper. Beides sind Instrumente, und sie sind dafür vorgesehen, dem Höheren Selbst zu dienen.

Die Sinne können mit einem Pferdegespann verglichen werden, das ein Gefährt zieht, wobei der Mind lenkt. Wenn die Zügel freigegeben werden, dann werden die Pferde in verschiedene Richtungen ziehen, hier einem verlockenden Duft nachgehen, sich dort von einem Klang anziehen lassen, oder zum Stall zurückgaloppieren, um gefüttert zu werden. In einem solchen Gefährt würden wir uns keinesfalls sicher und geborgen fühlen. Viele Menschen lassen ihr Leben jedoch auf diese Weise von ihren Sinnen in alle möglichen Richtungen lenken. Die Pferde brauchen eine feste Hand, die dafür sorgt, daß sie miteinander harmonieren, daß sie als Gespann in ein und dieselbe Richtung gehen, damit das Gefährt schlußendlich an seinem Bestimmungsort ankommt. Am sichersten gelingt dies dem Kutscher, wenn er die Zügel nur leicht führt und das eigentliche Lenken dem Höheren Selbst überläßt, das viel besser in der Lage ist, den ganzen Prozeß zu steuern.

Sai Baba bringt die Rolle des Verstandes präzise auf den Punkt, wenn er sagt: „Man kann den Verstand als ein Instrument betrachten, das sowohl in die Abhängigkeit als auch zur Befreiung führen kann. Erlaubt man den Sinnen, ihn nach außen zu orientieren, führt er in die Abhängigkeit. Erlaubt man der Intelligenz, ihn nach innen blicken zu lassen und dort Glückseligkeit zu suchen, führt er zur Befreiung.“

Mit einer anderen Metapher spricht Sai Baba eine Warnung aus: „Wenn Luft einen Fußball aufpumpt, nimmt sie die Form einer Kugel an, wenn sie einen Ballon füllt, die eines Ballons, sei dieser nun oval, wurstförmig oder kugelförmig. Der Mind nimmt die Form der Objekte an, auf die er ausgerichtet ist. Wenn er auf kleine Dinge fixiert ist, wird er klein; wenn er auf große Dinge ausgerichtet ist, wird er groß. Wie eine Kamera bildet er ab, worauf er gerichtet ist. Also seid vorsichtig, bevor ihr auf den Auslöser drückt."

Beloved Baba take my hand
As I hold it up to you.
Dispel the cloud of Maya
Which obscures you from my view.

My inner Self and you are one,
Which in my heart I know.
I also know to reach that state
I must be pure as snow.

But on my own I cannot weld
My human will to thine,
So this is why I seek your help
To detach it from all mine.

Help me dear Baba to let go
Of my imaginary needs
And I will try to turn from all
On which my ego feeds.

And as I reach up high to you,
Please take my hand in yours
Until I'm empty of myself
And my lightened spirit soars.

But when I first catch sight of that
Which seers call the light,
I may be overwhelmed by it
So hold me very tight.

In pouring out my heart to you
I've lost that cloud so dark
So I'll now relax in quiet relief
Till my soul soars like a lark.

Geliebter Baba, nimm meine Hand,
ich halt' sie zu dir empor,
und lichte den Nebel von Maya,
der dich meinem Blick entzieht.

Mein inneres Selbst und du sind eins,
das weiß mein Herz ganz genau.
Um ganz in diesem Zustand zu sein,
muß ich werden so rein wie Schnee.

Alleine vollbring' ich es aber nicht,
meinen Willen mit deinem zu verschmelzen,
darum rufe ich dich um Hilfe an,
daß du ihn von meinen Wünschen befreist.

Hilf mir, lieber Baba, zu lassen
alles, was ich vermeintlich brauch',
und ich werd' versuchen zu verzichten
auf alles, was mein Ego nährt.

Bitte nimm meine Hand in deine,
wenn ich sie hoch zu dir halt',
bis ich leer bin von mir selber
und mein befreiter Geist sich hebt.

Und wenn ich zum erstenmal erblick',
was die Seher nennen das Licht,
dann bin ich vielleicht ganz geblendet,
also halte mich sicher und fest.

Ich habe dir mein Herz ausgegossen,
und diese finstere Wolke verflog.
Jetzt kann ich mich erleichtert entspannen,
bis meine Seele wie eine Lerche am Himmel steht.

Kapitel 3

Der Affe des Drehorgelspielers

Gar nicht lange, nachdem ich mit der Niederschrift dieses Buches begonnen hatte, unternahm ich mit meinem Mann einen Wochenendausflug nach Nordkalifornien. Wir wollten an einer nahegelegenen Uferpromenade unser Mittagessen einnehmen, und Sidney ließ mich aussteigen, um den Wagen zu parken. Und genau da, wo ich ihn auf ihn wartete – ich traute meinen Augen kaum – hatte sich ein Drehorgelspieler mit seinem kleinen Affen aufgestellt, der Kunststücke aufführte. Ich konnte es zuerst nicht glauben, denn seit wir England verlassen hatten, ja vielleicht sogar seit meiner Kindheit, hatte ich keinen Drehorgelspieler mehr gesehen.

Es faszinierte mich, wie der Mann die Melodie aus seiner Orgel kurbelte, während sein kleiner Freund – er trug übrigens einen winzigen Anzug, dazu Hut und eine Art Zaumzeug – dem Publikum seine Tricks vorführte, wobei sein Herrchen die Leine nicht aus den Händen ließ. Mehrere Kinder verfolgten mit ihren Eltern das Treiben des kleinen Kerls, der seine Show auf Geheiß seines Herrn damit beendete, daß er jedem seiner Zuschauer die Hand schüttelte. Ich war überzeugt, daß einige der Kinder eine solche Vorstellung zum erstenmal in ihrem Leben sahen und völlig fasziniert waren. Für mich war dies ein hervorragendes Beispiel dafür, wie unser Monkey Mind im Zaum gehalten und unter Kontrolle gebracht werden muß und keineswegs ungehindert streunen darf, damit er nicht in alle möglichen Schwierigkeiten gerät, wie das der Mind gerade wie ein frei laufender Affe unweigerlich tun würde.

Als ich wenige Tage nach diesem Ereignis mit einem männlichen Klienten arbeitete und – wie es zu meiner Arbeit gehört – darum bat, daß mir gezeigt würde, was ihm in diesem Augenblick helfen könnte, erschien eine riesige Figur von Hanuman vor meinem inneren Auge, unter deren Schutz die Sitzung offensichtlich stand. In einer früheren Sitzung mit eben diesem Mann war mir ein klarer, tiefer, grüner Teich gezeigt worden, den er zur Beruhigung seines Mind benutzen sollte. Er sollte sich auf die stille Wasseroberfläche konzentrieren und zusehen, wie sich gelegentlich ein Kräuseln darauf ausbreitete und wieder verschwand. Sobald Hanuman auf den Plan trat, wurde ich zurück zum Teich geführt und sah diesen Mann am Rande sitzen und sich über das Wasser beugen, um in die Tiefe zu blicken. Aber wie ich sein Spiegelbild im Wasser sah, bemerkte ich zu meiner Überraschung einen kleinen Affen, der auf seiner linken Schulter saß und ihm unaufhörlich ins Ohr flüsterte.

Als ich ihm dieses Bild schilderte, stimmte er mir sofort zu: Ja, er habe „einen Affen auf dem Rücken", so drückte er sich aus. Und er erzählte mir, daß er ihn gerade an jenem Morgen sogar kurz aus dem Augenwinkel gesehen und dies auch gegenüber seiner Frau erwähnt hatte. Als er daranging, diese Erscheinung mit einem Suchtverhalten in Verbindung zu bringen, das sich trotz aller Anstrengungen hartnäckig gehalten hatte, schoß mir die Erinnerung an den Drehorgelspieler und sein zahmes Äffchen durch den Kopf. Hier schien sich die perfekte Lösung für dieses Dilemma zu präsentieren. Und so schlug ich vor, daß er mit Hilfe „aktiver Imagination" das Äffchen einkleiden, ihm ein Geschirr anlegen und die Leine fest in der Hand halten solle, um damit all seine Bewegungen stets unter Kontrolle zu haben. Dann konnte er beginnen, dem Äffchen nach Hanumans Vorbild beizubringen, seine Zeit und Energie für jene Symbolform einzusetzen, die er persönlich für das Höhere Selbst verwendete.

Der Wahrheitsgehalt dieser Szene ist jedoch nicht nur für diesen Mann relevant, sondern für die Mehrheit aller Menschen, die von ihrem Monkey Mind irregeleitet werden. Sie müssen die Verantwortung selbst in die Hand nehmen und dem Affen Zügel anlegen und sein zwanghaftes Bestreben zum wilden Herumschweifen eindämmen, denn er macht sie abhängig von allem, was sie sehen – vielleicht sogar bis zur Sucht –, indem er danach greift und nicht mehr losläßt.

In der gleichen Sitzung erinnerte ich mich ein wenig später an die drei kleinen Äffchen, die aus Holz geschnitzt auf dem Kaminsims im Wohnzimmer des Hauses in England standen, in dem ich aufgewachsen war. Ein Affe hielt sich mit den Händen die Augen zu, einer die Ohren und der dritte hielt sich mit beiden Händen den Mund zu. Das Motto dazu war: „Sieh nichts Böses, höre nichts Böses, sprich nichts Böses." Ich hatte sie damals über viele Jahre vor Augen gehabt, ihre Botschaft aber nie richtig verstanden und noch weniger angewandt. Aber jetzt, als mir ihr Bild wieder in Erinnerung kam, erkannte ich, daß auch diese drei Affen die Notwendigkeit symbolisierten, die drei Sinne Sehen, Hören und Schmecken – und zusätzlich das Sprechen – unter Kontrolle zu bringen, damit diese Sinne nicht den Mind dazu verführen, sich an Objekte zu binden, die sie in seine Wahrnehmung bringen.

Kapitel 4

Hanuman

Im Ramayana, einem der uralten Hindu-Epen, wird Hanuman, der Affengott, als Sohn des Windgottes vorgestellt. Was ihn besonders auszeichnet, ist seine absolute, nie wankende Hingabe an Rama, der für das Göttliche in allen lebenden Wesenheiten steht. Sai Baba beschreibt Hanuman als die Verkörperung des Mutes. Seine Bedeutung für uns Menschen besteht darin, daß er ein leuchtendes Beispiel dafür ist, wie unser Monkey Mind durch fortwährenden Dienst für das Höhere Selbst unter Kontrolle gebracht werden kann.

Als Affe versinnbildlicht er unsere animalische Natur oder unsere Instinkte mit all ihren Begierden und Abhängigkeiten. Zugleich aber zeigt er durch sein Beispiel den Weg, der aus dem Dilemma herausführt. Dadurch daß er sein ganzes Leben dem Dienst an Rama widmete, gelang es ihm, seine Tiernatur mit dem *atman*, dem göttlichen Kern, zu verbinden und auf diese Weise sein Bewußtsein von der instinktgebundenen, unbewußten Stufe auf die eines bewußten und entwickelten menschlichen Wesens zu heben. Er zeigt den Weg auf, auf dem auch wir uns, wenn wir es nur wollen, aus der Falle befreien können, in der wir uns aufgrund unserer Gier und unserer Bindung an die materielle Welt verfangen haben.

Die folgende, recht humoristische kleine Geschichte über Hanuman, die aus Sai Babas Version des Ramayana stammt, macht dies ganz deutlich: „Eines Tages nach der Krönung trafen Sita und die drei Brüder

Ramas zusammen und schmiedeten einen Plan, wie sie Hanuman vom *seva* (Dienst) für Rama ausschließen konnten. Sie wollten, daß die verschiedenen Dienste für Rama nur zwischen ihnen aufgeteilt werden sollten. Denn sie waren überzeugt, daß Hanuman schon genug Chancen gehabt hatte. Also stellten sie eine Liste aller Dienste zusammen, die man vom Morgen bis zum Einbruch der Nacht an Rama verrichten konnte und die so umfangreich war, wie sie es sich nur vorstellen konnten; jede Kleinigkeit war aufgeführt und einem von ihnen zugeteilt. Sie übergaben diese Liste in Hanumans Gegenwart dem Herrn. Rama nahm die neue Verfahrensordnung zur Kenntnis, las die Liste und stimmte mit einem Lächeln zu. Er sagte Hanuman, daß alle Aufgaben schon an die andern verteilt seien und er nun eine Ruhepause einlegen könne. Hanuman bat darum, daß die Liste vorgelesen werde, und prompt entdeckte er eine Lücke – die Aufgabe, mit dem Finger zu schnippen, wenn Rama gähnte, war ausgelassen. Natürlich sollte Rama, der Höchste, das nicht selber tun müssen. 'Dies muß ein Bediensteter tun', entschied er. Rama überließ Hanuman diese Aufgabe.

Das war ein großes Glück für Hanuman, denn es bedeutete, daß er seinen Herrn ständig im Auge haben mußte, oder konnte man etwa vorhersagen, wann sich ein Gähnen ankündigte? Er mußte ununterbrochen dieses herzerfreuende Gesicht anschauen, um sein Schnippen anzubringen, sobald sein Herr gähnte. Nicht für eine Minute konnte er davonrennen, keinen Moment konnte er sich entspannen. Ihr müßt euch glücklich schätzen, daß der Dienst am Herrn euch verpflichtet, immer in seiner Gegenwart zu verweilen und stets bereit zu sein, seine Anordnungen auszuführen!"

Eine andere Kurzgeschichte Sai Babas veranschaulicht denselben Punkt, sie trägt den Titel „Wer sich hingibt, den nimmt Rama an". Gott ist so gnädig, daß er dir zehn Schritte entgegenkommt, wenn du auch nur einen auf ihn zugehst. Vibhishana, der Bruder Ravanas, erkundigte sich bei Hanuman, ob Rama seine Huldigung entgegennehmen und sein Schutzschild über ihn halten werde. Er sagte: „Ich bin der Bruder seines größten Feindes, dessen Vernichtung er geschworen hat. Ich gehöre zur Rasse der Dämonen. Ich bin weder mit den Veden vertraut noch mit den *Sastras* oder den Ritualen der *Aryas*." Hanuman antwortete ihm darauf: „Oh, du Narr! Glaubst du, ihn kümmern die korrekte Ausführung der Rituale, familiärer Status oder Gelehrsamkeit? Wenn das so wäre, wie konnte er mich, einen Affen, annehmen?" Es gibt von Hanuman noch viele andere Geschichten, und sie alle illustrieren die gleiche Facette der alten Lehren: daß wir uns Rama, unserem wahren Selbst, zuwenden sollen.

In Laufe meiner Arbeit machte ich im Zustand der Reverie,des Wachtraums, schon die Bekanntschaft vieler erleuchteter Wesen, und zwar in ihrer personifizierten Gestalt. Einige von ihnen kannte ich aus den alten Schriften verschiedener Kulturen, andere kannte ich gar nicht. Als ich sie zum erstenmal alle zusammen in einer großen Versammlung sah, erstaunte es mich, daß sie sich in der Größe so sehr unterschieden. Einige ragten turmhoch empor, neun Meter und höher. Andere waren immer noch beachtliche drei oder vier Meter hoch, wieder andere erschienen wesentlich kleiner, aber nichtsdestoweniger eindrucksvoll. Damals wunderte ich mich über diese Größenunterschiede, stellte sie aber nicht in Frage, da ich in dieser Arbeit gelernt habe, meinen bewußten Verstand mit all seinen Fragen und Zweifeln nicht zu Wort kommen zu lassen. Nur so kann ich mich ohne die geringste Störung auf das konzentrieren, was mir durchgegeben wird. Auf diese

Weise wird mir alles offenbart, was ich wissen muß, und zwar immer zum richtigen Zeitpunkt. Diesem Aspekt meiner Arbeit kann ich völlig vertrauen.

Kurz nachdem mir diese himmlischen Helfer vorgestellt wurden, telefonierte ich mit einem Anhänger Sai Babas. Aus heiterem Himmel teilte er mir eine interessante Bemerkung mit, die Sai Baba bei einem Vortrag vor den Studenten seiner Colleges gemacht hatte. Er war gerade dabei, einige alte Geschichten aus den indischen Epen zu erzählen. Dabei brach er mitten in einer Geschichte ab und erklärte, daß zur Zeit des Avatars Rama die Menschen über neun Meter hoch gewesen seien, während zur Zeit Krishnas die Leute etwa 3,60 Meter maßen und danach immer kleiner wurden.

Als ich das hörte, schnappte ich nach Luft, denn es stimmte exakt mit dem überein, was ich in meinem traumähnlichen Zustand gesehen hatte. Auch die Figur Hanumans ist bei mir zu einem häufigen Besucher geworden, der seine besondere Energie und Hilfe immer dann zur Verfügung stellt, wenn sie gebraucht wird. Er gehörte zu den Gestalten, die über neun Meter maßen und am eindrucksvollsten aussahen. Es war eine große Erleichterung, diese Größenverhältnisse auf dem unerwarteten Weg über meinen Freund von Sai Baba bestätigt zu bekommen.

Als ich einige Tage vor Sai Babas 65. Geburtstag der Einweihung einer Hanuman-Statue beiwohnte, die turmhoch in den Himmel ragte, war ich hingerissen von diesem Anblick. Ich lehnte mich zurück, um ihn hoch über mir sehen zu können und war voller Dankbarkeit darüber, daß ich das Bild meines Traums auf diese dramatische Weise verwirklicht sah. Aber etwas an diesem Hanuman stimmte nicht. Er war anders als der, den ich in den Reverien gesehen hatte. Sein Kopf schien mir zu klein für seinen großmächtigen Körper.

Aber sogleich kam mir der Gedanke, wie ich eigentlich dazu käme, irgendwelche Kritik an dieser Statue anzumelden? Offensichtlich hatte es Sai Baba so angeordnet, und bestimmt hatte er auch präzise Anweisungen bezüglich der Proportionen gegeben. Ich fühlte mich sogar schuldig ob meiner Einwände, und schnell unterdrückte ich jeglichen Zweifel. Stellen Sie sich mein völliges Erstaunen vor, als ein Freund, der ebenfalls bei der Einweihungszeremonie zugegen war, später beiläufig erwähnte, daß Sai Baba nach der Zeremonie den Kopf als zu klein bezeichnet hätte. Ich traute meinen Ohren kaum. Wiederum wurde mir bestätigt, daß meine Intuition keine bloße Einbildung gewesen war. Welch ein Geschenk!

Dann, bald nach unserer Rückkehr, sprach ich mit einem anderen Freund, einem Künstler, der ebenfalls öfter zu Sai Baba nach Indien geht. Er erzählte mir, daß er bei seinem letzten Aufenthalt ein Bild von Hanuman gemalt habe, das diesen in der Umarmung mit Rama zeigt, dieses Bild habe er Sai Baba gegeben. Sai Baba studierte es offenbar sehr eindringlich und bezeichnete es als sehr gutes Gemälde; nach einer Pause fügte er allerdings einschränkend hinzu: „Aber Hanuman hatte Affenhände, keine Menschenhände."

So dient uns Hanuman als Führer, der uns die Ehrfurcht vor dem Höheren Selbst oder Rama lehrt und dem einzelnen hilft, sich aus dem Bann der Dinge zu lösen, die der Monkey Mind so fest im Griff hat und nicht loslassen will. Hanuman ist ein ausgezeichnetes Vorbild für jemanden, dessen Leben im Dienste Ramas steht. Er war diesem Dienst völlig hingegeben, immer bereit, ja eifrig darauf erpicht, Rama auf jede erdenkliche Art zu dienen, und stellte dessen Wünsche immer über die aller andern, einschließlich seiner eigenen. So groß war seine Hingabe, daß er stets nach einer neuen

Möglichkeit Ausschau hielt, wie er seinem Meister dienen konnte. Und so gibt er uns allen ein leuchtendes Beispiel und zeigt uns unser wahres Ziel im Leben: Ergebenheit gegenüber dem Höheren Selbst, das Rama in uns repräsentiert.

Wir sind jedoch in Wirklichkeit, und Sai Baba erinnert uns immer wieder daran, alle Gott oder Rama. Er rät uns dringend, unser Leben dem Dienst am Nächsten zu widmen. Dieser ist nicht auf die Persönlichkeit des anderen bezogen, sondern auf seine Göttlichkeit, die in der äußeren Schale enthalten ist. Diese Art von Dienst, so behauptet er, ist echter Dienst an Gott. Sai Baba hat uns zwei wichtige Programme geschenkt, die uns dabei helfen sollen, uns mehr und mehr mit unserem Höheren Selbst zu identifizieren, bis diese Identifikation zu einer festen Gewohnheit wird und schließlich in eine Einheit übergeht. Es sind dies das Programm zur Begrenzung der Wünsche und der selbstlose Dienst am Nächsten (*seva*). Beide werden in späteren Kapiteln nähere Betrachtung finden.

Kapitel 5

Die Sinne

Sai Baba sagt: „Die Sinne sind die primären Triebkräfte für den Mind und für die Illusionen, unter denen er leidet." Die Sinne verbinden uns mit der äußeren Welt, mit Gegenständen, mit anderen Menschen, mit Orten, mit Nahrung, Vergnügungen, mit Plänen und tausenderlei anderen Ablenkungen. Die Liste ist endlos und bei jedem Individuum verschieden. Sind wir erst einmal über die Sinne mit etwas verbunden, so wächst unser Wunsch, es auch zu besitzen. Besitzen wir aber das Objekt unserer Begierde tatsächlich, so wird daraus oft eine so starke Abhängkeit, daß es am Ende eher uns in Besitz hat als umgekehrt. Im Extremfall führt eine solche Situation zur Sucht.

Sai Baba sagt auch, wir hätten „ein Gespinst um unser wahres Wesen gesponnen, das aus unseren Gedanken besteht, die wiederum mit unseren Wünschen verknüpft sind. Viele von uns sind auf diese Weise wie Mumien ummantelt, wenn sich nämlich Schicht auf Schicht dieser Gedanken verfestigt hat, und es immer schwieriger wird, diese Kruste aufzubrechen." Die Sinne haben wir mit allen lebenden Kreaturen gemeinsam. Es sind wertvolle Instrumente, die es uns ermöglichen, mit unserer Umgebung in Kontakt zu treten und sie auszuwerten. Sie fungieren als wichtige Indikatoren, die uns auf Gefahren für unseren physischen Leib aufmerksam machen. Auf diese Weise sind sie dafür eingerichtet, unser Überleben in der spezifischen Umwelt zu sichern, in der wir existieren, und uns zu helfen, uns an diese Umwelt anzupassen und den vielen Gefahren auszuweichen, die sie beinhaltet. Die Sinne sind aufmerksame Diener, solange wir die Rolle des Herrn übernehmen und ihre Aktivitäten unter Kontrolle halten.

Die meisten Tiere besitzen scharfe Augen, mit deren Hilfe sie erkennen können, wenn sich ein natürlicher Feind nähert, sei es, daß sich das Gras oder das Gebüsch bewegt, sei es, daß sich Form oder Farbe seines Körpers gegen das Terrain abheben. Das gleiche läßt sich vom Hör- oder Geruchssinn sagen; auch sie machen ein Tier auf Gefahren aufmerksam. Die Ohren fangen das Geräusch eines knackenden Astes oder das Rascheln trockener Blätter unter der Last eines sich nähernden Tieres auf, das nach Nahrung sucht. Wenn der Wind in die richtige Richtung weht, wird der Geruch eines möglichen Feindes vom Geruchssinn wahrgenommen, wobei dann noch genug Zeit für die Flucht bleibt. Genauso nützlich erweist sich der Geruchssinn, wenn es darum geht zu entscheiden, ob eine bestimmte Nahrung gefahrlos gegessen werden kann oder besser gemieden wird. Tiere riechen immer an ihrem Fressen, bevor sie es verzehren; und wenn es nicht den richtigen Geruch hat, rühren sie es nicht an. Auch mit Hilfe des Geschmackssinns läßt sich genau bestimmen, ob etwas eßbar ist oder nicht. Der Tastsinn zeigt den Tieren einen Temperaturwechsel an und warnt sie vor scharfen Dornen und anderen Gefahren.

Sofern sie uns hilfreich zu Diensten stehen, sind uns die Sinne wertvolle Werkzeuge. Nur wenn wir ihnen blind folgen und uns von dem abhängig machen lassen, was sie stimuliert, entstehen Probleme. Wenn wir uns also überlegen, wie wir die Kontrolle über unsere Sinne zurückerlangen können, müssen wir zuerst den Standort bestimmen, an den sie uns gebracht haben, und was wir hinsichtlich unseres Wohlbefindens für unverzichtbar halten. Worauf könnten wir am allerschwersten verzichten? Die Antwort auf diese Frage fällt bei jedem anders aus, je nach Vorlieben und Abneigungen. „Des einen Hölle ist des andern Himmelreich", so lautet ein sehr wahres Sprichwort. Demnach sollte jeder für sich herausfinden, welche Reaktionen er auf das zeigt, was die fünf Sinne ihn wahrnehmen lassen: Wirkt es auf ihn es eher anziehend oder abstoßend?

Dies soll allerdings nicht heißen, daß wir uns von allem entledigen, was uns nützlich ist oder was uns Vergnügen bereitet. Es geht eher darum, sorgfältig und wachsam zu beobachten, um sicherzustellen, daß wir uns nicht in einem Maße an gewisse Dinge binden, daß sie uns und unser Verhalten bestimmen und uns zum Affen machen, dessen Faust in der Flasche gefangen ist. Wir sollten auf jeden Fall die Kontrolle behalten und sie niemals an jemand anderen oder etwas anderes abgeben, denn das würde bedeuten, sich zum Sklaven einer Bindung oder Abhängigkeit zu machen. Auch ist es absolut wichtig, klar zu erkennen und zu unterscheiden, welche Dinge in unserem Leben nützlich und angemessen sind und welche überflüssig oder unserem Wohlbefinden gar abträglich sind.

Es ist ganz offensichtlich, daß die meisten Probleme aus unerfüllten oder verhinderten Wunschvorstellungen resultieren, eine ideale Brutstätte für negative Emotionen wie Gier, Neid, Eifersucht, Wut und so weiter. Wir müssen also unbedingt einen Weg finden, diese Kettenreaktion zu unterbrechen, die uns unserer Freiheit geradeso beraubt, als wären wir an Händen und Füßen gebunden und dazu noch in einer Zelle eingeschlossen – ein Gefängnis, das wir uns selbst geschaffen haben.

Kapitel 6

Sai Babas Programm zur Begrenzung der Wünsche

Sai Baba hat eine sehr klare und einfache Methode entwickelt, die jedem helfen kann, mit der allmählichen Loslösung vom Monkey Mind zu beginnen. Dabei erwartet Sai Baba keineswegs, daß wir sofort jeglichen Wünschen und Bindungen abschwören, denn er ist sich völlig im klaren darüber, daß dies ein zu großer Schritt auf einmal sein würde. Deshalb schlägt er vor, ein Programm zu durchlaufen, das „Die Begrenzung der Wünsche" heißt. Dabei fangen wir an, unsere Wünsche in kleinen Dosen zurückzuschrauben, und damit zugleich unser - wie er es nennt - „Zuviel an Gepäck" abzubauen. Er sagt: „Wünsche sind wie Reisegepäck; weniger Wünsche bedeuten ein Mehr an Bequemlichkeit und machen das Reisen zum Vergnügen; das zumindest lesen wir auf Bahnfahrten in Indien. Wie viel dringlicher muß es da sein, das Gepäck auf der viel längeren Reise durchs Leben so leicht wie möglich zu halten."

Wiederholt bezieht er sich auf die vier Hauptbereiche unseres Lebens, die fortwährend von unseren Wünschen kontrolliert werden: nämlich die Art und Weise wie wir mit Geld, Essen, Zeit und Energie umgehen. Er betont dabei, daß im Leben vieler Menschen, ausgenommen der Allerärmsten, ein schockierendes Übermaß an Verschwendung herrscht, die in diesen vier Bereichen auf ein Minimum reduziert werden sollte. Natürlich leugnet er nicht, daß jeder eine gewisse Menge an Geld und Nahrung zum Leben braucht, andererseits seien aber nur wenige Menschen diszipliniert genug, sich selbst Grenzen aufzuerlegen oder nach einem festgelegten Haushaltsplan zu leben. In der Tat ist das Wort Haushaltsplan für viele Menschen ein unleidiger Begriff, der mit rigoroser Selbstverleugnung gleichgesetzt wird. Diese Haltung resultiert oft aus der Tatsache, daß man in der Kindheit allzu strenge Einschränkungen erfahren mußte, ohne die Gründe dafür erklärt zu bekommen.

Das Programm zu Begrenzung der Wünsche soll jedem einzelnen, und damit jeder Familie dazu verhelfen, ein glücklicheres und erfüllteres Leben zu führen. Es kann all jenen, die es durchlaufen wollen, dazu verhelfen, daß sie mehr Geld, mehr Essen, mehr Zeit und mehr Energie zur Verfügung haben und ihr Leben auf diese Weise weniger streßbeladen und damit gesünder und glücklicher führen, anstatt seine Gaben zu verschwenden. Wir müssen uns zuerst Klarheit darüber verschaffen, ob wir eine oder alle dieser vier Gaben auf ungesunde und ungute Weise verschwenden, und dann damit beginnen, sie zu unserem eigenen Wohl und dem unserer Familie klüger einzusetzen. Als zusätzlicher Bonus fällt dabei die allmähliche Distanzierung von allen Wünschen an, die vom Ego und vom Körper kommen und unseren Monkey Mind aktiv halten.

Sai Baba hat oft gesagt: „Ich werde euch geben, was ihr euch wünscht, und hoffe dabei, daß ihr euch das wünschen werdet, was zu geben ich gekommen bin." Wir mögen vielleicht sagen, wir wollen die Erleuchtung, aber um diesen Zustand zu erreichen, müssen wir die Bindung ans Ego und seine Wünsche aufgeben.

Sai Baba sagt auch: „ Der Hauptgrund, warum sich manche Leute von mir abwenden, ist nicht, weil sie ihre Liebe zu mir verloren haben, sondern weil ihre Wünsche ganz einfach nicht erfüllt wurden. Die Furcht hat sie ergriffen, daß sie sich ihre weltlichen Wünsche und Sehnsüchte nicht mehr erfüllen können, wenn sie bei mir sind. Und so gehen sie fort." Aber diese Angst entbehrt wie die meisten anderen Ängste jeglicher Grundlage. Wir selbst setzen oft dem eine Grenze, was Sai Baba uns geben will, sei es, daß wir auf den Besitz bestimmter Dinge bestehen, sei es, daß wir andere Dinge nicht annehmen wollen. Was wir aber nicht verstehen, ist, daß in vielen Fällen unsere eigenen vermeintlichen Wünsche sich für uns nicht immer als Wohltaten, ja nicht einmal als Annehmlichkeiten erweisen. Auf der anderen Seite kann sich das, was wir eigentlich nicht wollten, überraschenderweise als sehr hilfreich und lohnend herausstellen. Unsere persönlichen Ansichten von dem, was wir brauchen oder nicht brauchen, sind sehr kurzsichtig. Wenn wir darauf bestehen, ein Wunschobjekt zu bekommen, oder wenn wir versuchen, alles, was uns unangenehm ist, von uns abzuhalten, dann verhindern wir auch aller Wahrscheinlichkeit nach Erfahrungen, die für unseren Lernprozeß notwendig sind.

Da Sai Baba in menschlicher Form das Göttliche in uns oder unsere eigentliche Identität repräsentiert, ist es viel leichter und bestimmt auch sicherer, uns seinem Urteil darüber zu fügen, was wir brauchen, und auf die Wünsche unseres Egos zu verzichten. Denn wie vorausgegangene Erfahrungen zeigen, erweist sich unsere Wahl auf lange Sicht gesehen oft als recht desillusionierend, so aussichtsreich sie auch schien, als wir sie trafen.

Please give me what you know I need
Though I may not yet agree
From my restricted vision
That it is the best for me.

We tend to hold too tightly
To those things we think we need,
And forget that you know better
Since our past lives you can read.

We also try to push away
Those things we label sad,
Not seeing that they also hold
Some good beneath the bad.

You tell us to be willing
To observe each one and see
That it's better to accept them both
With equanimity.

For only if we do so
Can we ever really be
Completely happy and secure
In your uncertainty.

So give me what you know I need
And help me to agree
That only you are able
To decide what's best for me.

Bitte gib mir, was ich brauche,
auch wenn ich vielleicht im Moment
von meinem beschränkten Standort
noch nicht sehe, daß es das Beste für mich ist.

Wir halten zu sehr fest
an den Dingen, die wir zu brauchen glauben,
und vergessen, daß du es besser weißt,
denn du kannst unsere früheren Leben sehen.

Und alles, was wir traurig nennen,
versuchen wir gern zu verdrängen,
und sehen dabei nicht das Gute,
das sich unter dem Schlimmen verbirgt.

Du sagst uns, es sei besser,
bereitwillig beides zu sehen
und zu erkennen, daß es besser ist,
Gut und Schlecht mit Gelassenheit zu akzeptieren.

Denn nur auf diese Weise
können wir uns je wirklich
glücklich und sicher fühlen
in deiner Ungewißheit.

Also gib mir, was du denkst, daß ich brauche,
und hilf mir zu akzeptieren,
daß nur du entscheiden kannst,
was am besten für mich ist.

Kapitel 7

Die schwarzen und die weißen Vögel

Eines Tages wurde mir eine wunderbar klare Erkenntnis zuteil, die versinnbildlicht, wie wir oft in dem Moment unsere Gelassenheit verlieren, in dem wir mit unserem Monkey Mind nach Dingen greifen, ohne die wir glauben, nicht leben zu können, und dabei gerade das weit von uns wegschieben, was wir am meisten fürchten. Ich nenne es „Die schwarzen und die weißen Vögel".

Vor meinem inneren Augen sah ich mich mit ausgestreckten Armen auf einem Drahtseil balancieren. Vorsichtig setzte ich einen Fuß vor den andern aufs Seil und hielt den Blick standhaft geradeaus gerichtet, um ja nicht nach unten zu schauen. Plötzlich sah ich aus den Augenwinkeln einen riesigen schwarzen Vogel, der aussah, als wolle er mich von links attackieren. Ohne zu zögern neigte ich mich ihm zu, um ihn abzuwehren, und fiel prompt vom Drahtseil. Ich war gerade von neuem hinaufgestiegen und hatte meinen Balanceakt fortgesetzt, da sah ich einen wunderschönen, leuchtend weißen Vogel zu meiner Rechten. Er wirkte so anziehend auf mich, daß ich ihn berühren wollte und mich spontan in seine Richtung streckte, und wieder fiel ich vom Seil.

Abermals kletterte ich zurück und bat darum, daß mir die Bedeutung dieses inneren Erlebnisses enthüllt werde. Mir wurde mitgeteilt, daß der schwarze Vogel für alles das stand, was ich nicht wollte oder am meisten fürchtete, während der weiße Vogel all das symbolisierte, was ich mir je erträumte. Sowohl durch die

Zurückweisung des schwarzen Vogels als auch durch das Greifen nach dem weißen Vogel verlor ich meine Balance. Als ich um einen Lösungshinweis für dieses weitverbreitete Dilemma bat, wurde ich auf das Drahtseil zurückgeschickt, wiederum mit ausgestreckten Armen – wobei diesmal die Handflächen nach oben zeigten – und mit der Bereitschaft zu akzeptieren, daß sich entweder der eine oder der andere der beiden Vögel darauf niederließ.

Dieses Erlebnis veranschaulicht auf dramatische Weise Sai Babas wiederholten Rat, Gegensatzpaare wie Hitze und Kälte, Freude und Schmerz, Gesundheit und Krankheit in gleicher Weise anzunehmen. Einer seiner kleinen Merksätze resümiert dies sehr schön: „Praise and blame, all the same." - „Lob und Tadel, kein Unterschied." Diesen Rat zu hören oder zu lesen, ist jedoch weitaus einfacher, als ihn in die alltägliche Praxis umzusetzen. Dies ist nur mit Hilfe Sai Babas möglich, denn das Ego wird sich bis zuletzt dagegen wehren, die Kontrolle über uns aufzugeben. Ein Mantra, das im Zuge meiner Arbeit auftauchte, mag dabei eine Hilfe sein: „Gib dich hin, vertraue und akzeptiere." Das bedeutet: Begib dich unter die Führung des Höheren Selbst, vertraue, daß es dir das zuteil werden läßt, was du brauchst, und akzeptiere, was immer es auch sein mag.

Surrender and trust. Surrender and trust.
We know that we should, but we rarely do.
To try to accomplish it we must
For we know that Baba wants us to.

What is it in us that gets in the way
Of total surrender to his will?
Desires and ego Baba will say,
Which we must discover how to kill.

But how can we manage this difficult task
Of letting go our fondest dreams?
Baba will help us if we ask,
But we must be willing to give him the means.

We cling to people and places and things
As sources of our security.
He gives us vibhuti, medallions and rings
To link us to him for eternity.

With surrender and trust from morning to night
Our lives will take on a brand new lease
And we'll discover, to our delight
That we have exchanged our worries for peace.

Gib dich hin und vertraue. Gib dich hin
und vertrau.
Wir wissen, wir sollten dies tun, aber selten
tun wir es.
Für unsere Vollendung ist es eine Notwendigkeit,
und wir wissen, Baba will es auch.

Was in uns versperrt diesen Weg
der totalen Hingabe an ihn?
Wünsche und Ego, würde Baba sagen,
und wir müssen herausfinden, wie wir sie abtöten.

Aber wie gehen wir diese schwierige Aufgabe an,
wie lassen wir unsere liebsten Träume gehen?
Baba wird uns helfen, wenn wir ihn bitten,
aber wir müssen ihm bereitwillig den Weg
freimachen.

Wir halten uns fest an Menschen, Orten und
Dingen,
als Quellen unserer Sicherheit.
Er gibt uns *vibhuti*, Medaillons und Ringe,
um uns auf ewig an ihn zu binden.

Mit Hingabe und Vertrauen vom Morgen bis
zur Nacht
wird unser Leben einen neuen Bund eingehen,
und wir werden zu unserer Freude entdecken,
daß wir unsere Sorgen gegen Frieden eingetauscht
haben.

Kapitel 8

Selbstloser Dienst am Nächsten – ein Rezept gegen den Monkey Mind

Haben wir im Zuge des „Programms zur Begrenzung der Wünsche" unser Reisegepäck für dieses Leben aufs Nötigste reduziert, so schlägt Sai Baba vor, daß wir die Einsparungen, die damit in allen vier Bereichen möglich werden, all denen zugute kommen lassen, die in ihrem Leben nicht soviel Glück gehabt haben wie wir. Es ist sicher nicht schwierig, Menschen zu finden, die Hilfe brauchen, vor allem in Zeiten wie diesen. Zugleich können so zwei Lieblingsprojekte Sai Babas kombiniert werden: „Das Programm zur Begrenzung der Wünsche" und „Selfless Seva" - „Selbstloser Dienst". Sai Baba sagt dazu im besonderen, daß dieser selbstlose Dienst am Nächsten wörtlich genommen werden muß und keinesfalls mit Eigennutz verbunden sein sollte, denn Eigennutz würde wie ein Gift wirken, das sich letztendlich gegen den Geber selbst richtet, anstatt seinem spirituellen Wachstum zu dienen.

Viele sagen, sie würden sich auf dieser Erde gerne nützlicher machen, den Hungernden, Obdachlosen, Unglücklichen, Kranken oder Mißhandelten helfen. Aber hier enden auch schon ihre guten Vorsätze. Stattdessen werden zahllose Entschuldigungen bemüht, die einen vor dem eigenen Schuldgefühl oder der Kritik anderer schützen. Zum Beispiel, daß man sich solche Hilfestellungen nicht leisten könne, weil man selbst eine Familie habe und Kinder großziehe, und weil jede Mark für die ohnehin knappe Haushaltskasse herhalten müsse. Oder, man sei viel zu beschäftigt und viel zu müde von der vielen Arbeit, mit der man den allernötigsten Lebensunterhalt bestreite, und habe einfach keine zusätzliche Zeit und Energie übrig für etwas anderes als die alltägliche Routine. Diese Situation ist gegenwärtig überall auf der Welt gleich. Diejenigen, die jedoch das Programm zur Begrenzung der Wünsche durchlaufen haben, stellen meistens zu ihrem Erstaunen fest, daß sie nicht nur Geld übrig haben, sondern sich auch besser ernähren, mehr Zeit zur Verfügung haben und, das Beste von allem, daß sie nicht zu müde sind, ihre überschüssigen Energiereserven für diejenigen einzusetzen, die sich in einer Notsituation befinden. Und das ist noch nicht alles: Diejenigen, die sich in einem solchen Dienst an der Menschheit engagiert haben, berichten fast ausnahmslos, daß sie selbst am meisten davon profitieren, weit mehr noch als die, für die ihr Engagement gedacht ist. Mit andern zu teilen, was wir haben – sei es Geld, Lebensmittel, Zeit, Energie oder Wissen und Einsicht –, bedeutet eine Bereicherung, wie man sie sich im voraus nicht vorstellen kann.

Und noch ein unerwarteter Gewinn ergibt sich aus dieser Uneigennützigkeit. Solange wir damit beschäftigt sind, anderen zu geben, geben wir der Zielrichtung unseres Monkey Mind eine Wende um 180 Grad. Indem wir uns darauf konzentrieren, die Not anderer zu mildern, anstatt unseren eigenen Wünschen nachzujagen, wendet sich der Monkey Mind, genau wie Hanuman, dem Göttlichen Selbst in unserem Inneren zu. Denn mit dem Dienst an andern dienen wir in Wahrheit dem Gott in allem Lebendigen, denn auf der Stufe des Göttlichen sind alle eins.

Wenn Hanuman nach seiner Identität gefragt wurde, anwortete er umgehend: „Ich bin ein Diener Ramas." Durch unser uneigennütziges Engagement können auch wir uns dem Gast zuwenden, der in unseren mit Wünschen bis zum Rand gefüllten Körpern wohnt, und Rama, Christus, Baba, Buddha dienen, oder welchen Namen wir auch immer für das Göttliche Selbst verwenden, das sowohl in uns selbst als auch in allen wohnt, denen wir zu helfen suchen, seien es Menschen oder Tiere.

Dabei kann die alte Redeweise „Wohltätigkeit beginnt zu Hause" als gutes Motto dienen. Es kommt nämlich häufig vor, daß sich jemand gegenüber sogenannten Fremden als barmherziger Engel gebärdet, und dabei ewigen Dank und Anerkennung erntet, während er seine eigene Familie vernachlässigt, ihre Bedürfnisse mißachtet und ihre Hilferufe entweder ignoriert oder ihnen mit Ungeduld, Wut oder Verärgerung begegnet. Sai Baba sagt dazu, daß gerade diejenigen, mit denen wir den Großteil unseres Lebens verbringen, uns genau das lehren können, was wir zu lernen haben, sofern wir dies einsehen und zulassen. Diejenigen also, mit denen wir sehr eng verbunden sind, können zu unseren größten Lehrmeistern werden. Wenn wir mit ihrer Unterstützung lernen, in unseren Familienbeziehungen Geduld, Toleranz, Beständigkeit und Nachsicht zu üben, so wird unser Familienleben unserem spirituellen Fortkommen genauso förderlich sein, wie es das Leben eines Sadhu oder eines Mönchs sein würde.

Der Dienst für unsere Familie oder für andere sollte mit der richtigen Einstellung ausgeführt werden und keinesfalls mit irgendeiner versteckten Absicht im Hinterkopf, denn das würde seine Wirksamkeit erheblich schmälern. Um frei von jeglichem Ego zu sein, sollten unsere Taten dem tiefen Mitgefühl für den Schmerz, den Hunger, die Zurückweisung, den Verlust oder all die andern Probleme entspringen, unter denen ein

Mensch leiden kann. Nur dann kommen solche Taten dem Geber genauso zugute wie dem Empfänger. Bevor man mit einem speziellen Dienst beginnt, muß man sich deshalb ernsthaft fragen, ob dahinter nicht der Wunsch steht, sich in den Vordergrund zu rücken, Anerkennung, Dank oder eine andere Art von Entlohnung seitens der Nutznießer unserer Tätigkeiten zu erheischen oder einfach spirituellen oder persönlichen Nutzen daraus zu ziehen. Ein solches Engagement sollte frei sein von jeglichen eigennützigen Motiven, sei es auch nur, daß wir der Langeweile oder dem Alltagstrott mit all seinen kleinen Pflichten entgehen wollen.

Ein anderer, nicht minder wichtiger Punkt, darf dabei auch nicht vergessen werden, nämlich die Notwendigkeit, von den Ergebnissen unserer Bemühungen unberührt zu bleiben, egal, ob man sie als Erfolg oder Mißerfolg wertet. Sai Baba drückt das so aus: „Do not become inflated with success or punctured by failure" – „Laß dir den Erfolg nicht zu Kopfe steigen, und dich vom Mißerfolg nicht niederdrücken."

Das beste Mittel gegen den Monkey Mind ist, dem Beispiel Hanumans zu folgen und dem wahren Selbst zu dienen, unabhängig davon, welchen Namen der einzelne dafür verwendet. Sai Baba rät uns „Hanuman als Vorbild zu nehmen, denn er demonstriert uns die größte Hingabe im Dienst am Göttlichen. Er war stark, gebildet und tugendhaft, aber er besaß nicht die Spur von Stolz." Sai Baba sagt auch, daß der Dienst am Nächsten der einzige Weg ist, die Wirkung des *kali yuga* zu neutralisieren (es ist das dunkelste der vier *yugas*, der Weltzeitalter, und es ist die Zeit, in dem wir leben), und daß alle anderen Methoden, die für unser spirituelles Wachstum entwickelt wurden, dem selbstlosen Dienst an anderen unterlegen sind. Und weiter erklärt er, daß „geistige Übungen, wie das Rezitieren der

Namen Gottes, Meditation, *yajna,* das Studium der heiligen Schriften oder Pilgerfahrten dem Dienst am Nächsten nicht gleichkommen," denn „eine solche Tätigkeit, die erfüllt ist von Liebe, schließt die Ziele sämtlicher Wege zu Gott mit ein. Es ist ein Weg, der mehr Ekstase beinhaltet als Meditation, das *bhajan*-Singen und Yoga."

Wann und wo immer wir also die Notwendigkeit und die Chance sehen, einem andern zu helfen, sollten wir keine Zeit verlieren und dies tun, und daran denken, daß wir, genau wie Hanuman, eigentlich dem Göttlichen dienen, dem Göttlichen in unserem Gegenüber wie auch in uns selbst.

We habitually think of me and mine
Instead of we and ours.
We labor under the false belief
That our egos contain our powers.

But if only we can remember
To turn from me to you
We can break our lifelong habit,
And let the inner life shine through.

Aus Gewohnheit denken wir in Kategorien
wie „Ich und Mein"
anstatt „Wir und Unser".
Wir tragen schwer an dem falschen Glauben,
daß unsere Kraft aus dem Ego kommt.

Doch wenn wir darauf achten
und unser Ich dem Du zuwenden,
kann auch diese lebenslange Gewohnheit sterben,
und unser inneres Licht kann leuchten.

Kapitel 9

Geld

In seinem Programm zur Begrenzung der Wünsche setzt Sai Baba das Geld an erste Stelle, wahrscheinlich deshalb, weil von der Geldmenge, über die wir verfügen, auch abhängt, wie wir mit den anderen drei Kategorien: Ernährung, Zeit und Energie umgehen. Er stellt dabei fest, daß in dieser Hinsicht die Armen besser dran sind als die Reichen. Da sie weniger Geld haben, sind sie auch nicht so vielen Versuchungen ausgesetzt und haben weniger Gelegenheit zur Verschwendung. In Ländern der Dritten Welt zum Beispiel existieren weder der Konsumdruck noch die Verlockungen, denen man in den Überflußgesellschaften ausgeliefert ist.

Viele Menschen, die den spirituellen Weg beschritten haben, scheinen, was den Stellenwert des Geldes in ihrem Leben anbetrifft, einem Mißverständnis zu unterliegen. Geld an sich ist weder positiv noch negativ. Es ist neutral, seine Wirkung hängt also davon ab, wie man es gebraucht. Wenn uns das Geld erlaubt, unserer ganz speziellen Bestimmung zu folgen und zu lernen, wie wir uns von seiner Funktion als Symbol für Sicherheit freimachen, dann kann es sogar einen positiven Effekt haben. Wenn wir andererseits zulassen, daß das Geld uns und unser Verhalten dahingehend kontrolliert, daß es uns zu Eigennutz und falschem Handeln verführt, dann kann es einen sehr negativen Einfluß auf uns ausüben. Wir allein entscheiden darüber, und wir können dem Geld weder ein Verdienst noch eine Schuld zuschreiben. Natürlich kann es der Grund allen Übels sein, und dies ist auch häufig der Fall. Aber das Gegenteil ist ebenso der Fall, denn wenn das Geld klug und richtig eingesetzt wird, kann es uns immens bereichern, indem es uns die Freiheit gibt, unser Leben dem Willen des Höheren Selbst oder Ramas zu widmen, wie Hanuman dies tat.

Weil wir umgeben sind von materiellem Überfluß, werden wir über die Medien fortwährend mit Kaufangeboten bombardiert, und wir hoffen dabei, daß diese Angebote unsere weltlichen Sehnsüchte möglichst schnell befriedigen und uns für alle Zeiten glücklich machen. Unsere Wunschträume haben jedoch ihren Ursprung in der fälschlichen Identifikation mit unserem Körper und seinen fünf Sinnen, die uns den lieben langen Tag in Versuchung führen.

Sai Baba sagt dazu: „Im täglichen Leben kommt niemand ohne Geld aus. Man kann es mit den Schuhen vergleichen. Sie müssen die richtige Größe haben. Wenn sie zu weit sind, wird man nicht bequem darin gehen, und wenn sie zu eng sind, wird man sich auch nicht wohl darin fühlen. Wenn man zuviel Geld hat, wird es zu einem Problem, und knapp bei Kasse zu sein, ist ebenfalls eine unschöne Situation. Oft lassen sich die Menschen vom Geld versklaven und versuchen, mehr zu verdienen, als sie brauchen." Und weiter führt er aus: „Wenn ihr euer Bankkonto immer mehr aufstockt, dann macht ihr es euren Kindern eigentlich schwerer, ein sauberes, komfortables und ehrbares Leben zu führen." An anderer Stelle sagt er: „Dem Geld muß man seinen eigenen Stellenwert einräumen. Es sollte auf die bestmögliche Art und Weise eingesetzt werden. Denn wenn man aus etwas, das einem gegeben wurde, nicht das Beste macht, dann versteht man nicht, wozu es da ist. Ihr solltet zum Beispiel kraft eurer Intelligenz jeglichen Mißbrauch von Geld vermeiden."

Wenn wir uns vom Geld abhängig machen, wird es sich als genauso unzuverlässig erweisen wie all die anderen illusorischen Symbole unserer Sicherheit. Auch können wir von dem, was man mit Geld alles kaufen kann, so sehr fasziniert sein, daß wir uns dazu verführen lassen, unseren Selbstwert mit unseren Besitztümern gleichzusetzen oder mit unserem Bankkonto. Darüber vergessen wir dann, was wir eigentlich sind: ein unzerstörbares, ewiges Selbst.

Bei der Überlegung, wie wir der Geldverschwendung Einhalt gebieten können, müssen wir zuerst herausfinden, wie wir es ausgeben, denn eines der größten Hindernisse beim Sparen ist, daß wir einfach keine klare Vorstellung darüber haben, wie wir unser Geld ausgeben. Der allererste Schritt ist also, eine Liste der laufenden Ausgaben aufzustellen, die uns ein klares Bild der hauptsächlichen Posten liefert. Diese Liste sollte mit den regelmäßigen, elementaren, immer wiederkehrenden Kosten beginnen, zum Beispiel mit Miet- oder Hypothekenzahlungen, Versicherungen, Steuern, Telefon, Hausnebenkosten, Essen, Kleidung, Unterricht, Arztkosten und so weiter. Dies wird von Person zu Person verschieden sein. Alter, Beruf, Verantwortungsbereiche, Familienstand, Kinderzahl, gesellschaftliche Stellung, Familienhintergrund und viele andere Faktoren spielen dabei gewiß eine Rolle.

Werden solche Aufstellungen wöchentlich, monatlich und für das ganze Jahr gemacht, so zeigt sich, was vom Einkommen übrig bleibt. Dies ist der Bereich, in dem Verschwendung am ehesten auftritt, und wo unsere Wünsche uns vom Weg abbringen können, sofern wir sie sofort und ohne Rücksicht auf Konsequenzen befriedigen. Wenn eine Liste der Ausgaben erst einmal erstellt ist, wird sich ein Muster herausbilden, an dem man erkennen kann, in welchen Bereichen die Verschwendung stattfindet.

Da es unsere fünf Sinne sind, die den Mind dazu verlocken, sich an Dinge zu hängen, von denen sie selbst angezogen werden, ist es sehr wichtig, die Rolle der Sinne klar zu durchschauen, bevor man mit dem Programm zur Begrenzung der Wünsche beginnt. Um mit Sai Baba zu sprechen: „Wenn die Sinne, die eigentlich die Diener des Menschen sind, zu seinem Herrn werden, wird er zum Sklaven äußerlicher Schönheit, flüchtiger Klänge, sanfter Berührung, verführerischer Gaumenfreuden und zarter Düfte." Wenn wir also die Stellen suchen, an denen Geld verlorengeht, müssen wir herausfinden, in welcher Weise unsere fünf Sinne den Monkey Mind in Versuchung führen, daß er sich von der Vielzahl an Bildern, Klängen, Düften, Geschmacksrichtungen und taktilen Reizen einfangen läßt, die sie ihm bieten.

Visuelle Reize und Geldverschwendung

Die meisten Menschen reagieren am stärksten auf visuelle Reize, und deshalb sind die meisten Abhängigkeiten eine Folge visueller Wahrnehmung, und damit auch die Geldverschwendung. Die Werbung – die zumeist als Kampagne zur Überzeugung anderer angelegt ist – ist eines der stärksten Mittel, durch die Augen auf den Mind einzuwirken und diesen auf ein Konsumobjekt zu fixieren, das für den einzelnen aus der Unmenge der Angebote „ins Auge sticht". In Zeitschriften und Magazinen, Katalogen und Broschüren, die uns per Post erreichen, auf Werbeflächen am Straßenrand und, noch überzeugender, in der Fernsehwerbung preisen die

Hersteller ihre Produkte an und präsentieren sie möglichst so attraktiv, daß die Kunden in die Läden stürmen und kaufen – ob sie dies alles nun brauchen oder nicht steht nicht zur Debatte.

Da die Werbespots den Löwenanteil des Unterhaltungsprogrammes und auch andere Programmbereiche finanzieren, verschaffen sie Macht und Einfluß und sind anderen Werbetechniken überlegen. Neben der Attraktivität der auf dem Bildschirm präsentierten Waren ist deshalb noch ein weiterer Zwangsfaktor wirksam. Es ist die Macht der Hersteller über die anonyme Zuschauermasse, auf die sie Druck ausüben, auch ohne direkte Notwendigkeit Geld für ihre Produkte auszugeben. Es mögen attraktive Kleider sein, herrlicher Schmuck, das funkelnagelneueste Automodell, köstlich zubereitetes Essen, Kosmetikartikel, die das Altern garantiert stoppen, Elektronikartikel und eine Vielzahl anderer verlockender Produkte. Die Liste ist unendlich und vielfältig und auf jeden Persönlichkeitstyp zugeschnitten.

Selbst Kinder bleiben von diesem gnadenlosen Sperrfeuer nicht verschont. Sie sind das neueste Ziel der Werbestrategen, die ihr Bestes tun, um sie mit allen möglichen Produkten und Waren einzufangen. Die Kinder bitten und betteln, ja tyrannisieren in Einzelfällen sogar ihre Eltern, nur um die Dinge zu bekommen, die ihnen auf dem Bildschirm vorgeführt werden, auch wenn dies Dinge sind, die sie nicht wirklich brauchen oder wollen. In gewisser Weise stehen auch sie unter dem Druck, diese Dinge unbedingt zu bekommen, denn sie gehen davon aus, daß ihre Freunde, die dem gleichen Bombardement derselben Werbespots ausgesetzt sind, ihre Eltern ganz sicher rumkriegen. Kinder wollen sich keinesfalls von ihren gleichaltrigen Freunde unterscheiden, sie wollen von ihnen nicht zurückgewiesen werden oder sich unterlegen fühlen – Tatsachen, die den Werbemachern wohl bewußt sind. Auf diese Weise werden Kinder schon in frühem Alter darauf programmiert, besitzen zu wollen, was sie sehen. Die Gewohnheit der sofortigen Wunscherfüllung setzt sich oft bis ins Erwachsenenalter fort und ist dann viel schwerer zu korrigieren.

So potent die Werbung als Überzeugungsinstrument ist, so ist sie doch nicht der einzige Weg, den Mind über die Augen zum Wünschen zu verleiten. Kaufhäuser und Supermärkte, in geringerem Maße auch kleinere Läden, sind ein weiterer Hort der visuellen Verführung. Die Augen gehen einem oft über von der überwältigenden Warenpräsentation, deren kunstvolles Arrangement die Aufmerksamkeit noch mehr fesselt. Verwirrend ist dieses Angebot auch dadurch, daß es dem verwirrten Käufer so viele Auswahlmöglichkeiten bietet und als Ganzes eine hypnotische Wirkung auf ihn ausübt. Das riesige Warenangebot ist einzig und allein mit der Absicht ausgestellt, die Menschen zum Kauf zu verführen, unabhängig davon, ob sie die einzelnen Dinge nun brauchen oder gar mögen. Man muß innerlich schon sehr gefestigt sein, um solch massivem Druck zu widerstehen.

Ausverkäufe stellen für diejenigen, die schon kaufsüchtig sind, eine besondere Gefahr dar, denn sie bieten den zusätzlichen Reiz, das eine oder andere Schnäppchen zu machen. Es ist schon traurig, daß viele Menschen sich von dieser Verlockung täuschen lassen und glauben, sie sparen genau die Summe, um die der Preis herabgesetzt ist, wobei sie oft die Tatsache außer acht lassen, daß sie das Geld eigentlich nicht gespart, sondern vergeudet haben, wenn sie den jeweiligen Gegenstand nicht wirklich benötigen.

Abgesehen davon sind wir ständig von visuellen Reizen – angenehmen oder unangenehmen – umgeben, sei dies nun beim Spazierengehen, beim Autofahren, beim Einkaufen auf dem Markt oder im Ladengeschäft, bei der Arbeit, beim Besuch von Freunden, auf einer Reise, ja bei allen möglichen Aktivitäten, die unseren Alltag füllen. In all diesen Situationen sehen wir vielerlei Dinge, die nett ausschauen und die wir deshalb auch besitzen wollen.

Akustische Reize und Geldverschwendung

Auf welche Weise veranlaßt uns nun der Gehörsinn, Geld zu verschwenden? Genauso wie bei der visuellen Wahrnehmung ist das Fernsehen auch im Fall der akustischen Wahrnehmung einer der wichtigsten Kanäle, über den die Werbemacher uns zum Kauf ihrer Produkte überreden. Mit sich überschlagender Verkaufsstimme preist da der Sprecher eine zeitsparende Apparatur an, das neueste Computermodell, eine Fernreise zu exotischen Urlaubsparadiesen, die verspricht, den Alltagsstreß hinter sich zu lassen, oder was dergleichen Knüller mehr sind, die ständig über den Sender posaunt werden.

Dazu kommt das Autoradio, das auf der Fahrt zur Arbeit oder zum Einkaufen läuft, oder während man die Kinder zur Schule oder zu anderen Aktivitäten transportiert. Auf all den kleinen täglichen Fahrten bietet es den Werbemachern eine zusätzliche Möglichkeit, den Fahrer wie auch sämtliche Mitfahrer zum Kauf von all dem zu verführen, was mit eingängig überzeugender Stimme so glühend angepriesen wird.

Selbst das private Telefon wird von der Werbung inzwischen in Beschlag genommen. Die Verkäufer aller

Sparten tun ihr Bestes, um Konsumenten dazu zu bringen, Aluminiumgeländer, Illustriertenabonnements oder Aktien einer bestimmten Firma zu kaufen, ein aufregendes neues Produkt anzufordern oder in das eine oder andere Unternehmen zu investieren. Diese Werbemethode hat den zusätzlichen Vorteil des persönlichen Kontaktes, der jahrhundertelang dazu benutzt worden ist, geeignete Versuchspersonen unter Hypnose bestimmte Befehle ausführen zu lassen; in diesem Fall die Befehle eines Sprechers, der ein aufwendiges Training in der Kunst des Überzeugens durchlaufen hat. Interessanterweise finden diese Anrufe überwiegend zur Zeit des Abendessens statt, wenn zumindest ein erwachsenes Mitglied der Familie mit hoher Wahrscheinlichkeit zuhause ist.

Dann gibt es da noch die Mund-zu-Mund-Werbung, die dann stattfindet, wenn Leute jeden, der dafür ein offenes Ohr hat, mit einer ausführlichen Liste ihrer neuesten Errungenschaften beglücken. Wer sich von ihrer Begeisterung anstecken läßt, mag aus Neid, Eifersucht oder auch aus Konkurrenzdenken die aufgeführten Dinge auch für sich selbst wünschen. Oder jemand erzählt von einem neuen Vorhaben, das einen erheblichen finanziellen Gewinn verspricht, und diejenigen, die davon hören, lassen sich von der Aussicht auf Geldgewinn zu Investitionen verleiten.

Dies sind nur einige wenige Beispiele dafür, wie der Gehörsinn die Menschen zum Geldverschwenden verleiten kann, sofern sie nicht ihren kritischen Verstand gebrauchen und für sich selbst entscheiden, ob sie das angebotene Produkt wirklich brauchen.

Der Geruchssinn und das Geld

Meinem Wörterbuch zufolge ermöglicht uns der Geruchssinn „die Wahrnehmung durch chemische Reizung der Geruchsnerven in der Nasenhöhle. Diese Reizung wird ausgelöst von Partikeln, die der jeweilige Stoff abgibt." Unser Geruchssinn schützt uns nicht nur vor Schaden durch giftige Substanzen, er ist häufig der Auslöser für uns, wohlriechende Konsumartikel, wie zum Beispiel teure Parfüms, bestimmte Genußmittel, Tabak, Kaffee und viele andere Dinge zu kaufen.

Die Werbung nutzt die Verführbarkeit potentieller Käufer durch Düfte clever aus. Nahrungsmitteln wie Brot oder anderen Bäckereiprodukten werden in einigen Fällen chemische Substanzen beigemischt, die ihren appetitanregenden Geruch verstärken und die Kunden dazu bringen sollen, einer bestimmten Marke den Vorzug gegenüber anderen zu geben. Wir alle kennen die kleinen Parfümpröbchen, die Katalogen, Illustrierten, ja sogar Kaufhausrechnungen beigeheftet sind, und die den Empfänger zum Kauf einer bestimmten Marke verführen sollen. In letzter Zeit wurde diese Praxis heftig kritisiert, weil sie bei Leuten, die auf Parfümsubstanzen allergisch reagieren, eine sehr unwillkommene Wirkung zeigen.

Von Geldverschwendung kann man natürlich nur reden, wenn die Käufer dieser Art von Werbung auf den Leim gehen und ihrem Geruchssinn erlauben, sie zu Extravaganzen zu verführen, zu viele Dinge zu erstehen oder solche, die sie nicht brauchen können oder die gerade in Mode sind und den Bekanntenkreis beeindrucken sollen. Auch hier ist es wichtig, zu unterscheiden und das eigene Kaufgebaren in akzeptablen Grenzen, vor allem aber den Geruchssinn im Zaum zu halten.

Der Geschmackssinn und das Geld

Geschmacks- und Geruchssinn sind eng miteinander verbunden. Von Menschen, die ihren Geruchssinn verloren haben, weiß man, daß sich auch ihr Geschmackssinn abschwächte, und sie deshalb mit weniger Genuß essen. Das hängt mit dem Umstand zusammen, daß der Geruch von Essen die Produktion der Speicheldrüsen anregt, die schon in der Mundhöhle den Verdauungsprozeß einleiten. Den meisten ist dieses appetitanregende Erlebnis vertraut und immer wieder angenehm, ihnen läßt der Duft von frischgebackenem Brot, frisch aufgebrühtem Kaffee oder von gedünsteten Zwiebeln das Wasser im Munde zusammenlaufen.

Aber das Wort Geschmack wird nicht nur mit Essen und Trinken assoziiert, sondern findet auch in anderen Bereichen Verwendung. „Wir sind auf den Geschmack gekommen" kann sich ebensogut auf eine bestimmte Art der Unterhaltung, auf eine Sportart oder andere Aktivitäten beziehen. Es wird uns vielleicht gesagt, daß wir in der Wahl unserer Kleider, unserer Einrichtung, unseres Schmucks oder unserer Lektüre Geschmack beweisen. Oder wir sagen vielleicht, daß wir uns etwas so sehnlich wünschen, daß wir seinen Geschmack fast auf der Zunge spüren.

Es ist deshalb sehr wichtig, genau zu bestimmen, wie dieser vielfältige Geschmackssinn den Mind zum Geldausgeben anregt. Das heißt natürlich nicht, daß wir ein gutes Essen nicht genießen sollen – schließlich unterstützt der Genuß beim Essen die Verdauung –; noch soll es heißen, daß wir uns das Vergnügen an anderen Dingen nehmen lassen. Nur wenn wir dem Geschmacksinn die Kontrolle über unser Handeln überlassen und wenn er unsere Gelüste auf bestimmte

Dinge bis zum Exzeß schürt, bekommen wir Schuldgefühle, weil wir mehr konsumieren, als wir brauchen oder uns leisten können.

Der Tastsinn und das Geld

Der Tastsinn hat seinen Sitz unter der Haut und wird dann aktiviert, wenn irgendwo auf der Körperoberfläche ein angenehmes oder ein schmerzhaftes Gefühl hervorgerufen wird. Die Haut bedeckt den gesamten Körper, so daß Hitze oder Kälte, Trockenheit oder Feuchtigkeit und alle sonstigen klimatischen Verhältnisse unseren Tastsinn aktivieren können. Dabei hat jeder besondere Vorlieben und Abneigungen. Das ist leicht zu erkennen an den verschiedenen textilen Geweben oder anderen Stoffen, die in Kontakt mit unserer Haut kommen. Textilien können glatt, weich, rauh, stachelig usw. sein und bei vielen Menschen ganz verschiedene Reaktionen hervorrufen.

Der Tast- oder Berührungssinn wird von der Geburt an durch die Eltern aktiviert, wenn sie das Baby halten, liebkosen, streicheln oder massieren. Unangenehme und angenehme Arten der Berührung werden bestimmte Reaktionsmuster hervorrufen, die bis ins Erwachsenenalter Bestand haben. Wenn ein Baby von Anfang an auf angenehme Weise berührt worden ist und es die Sicherheit erfahren hat, geliebt zu werden, wird es später als Erwachsener wahrscheinlich weder besonders große Sehnsucht nach Berührung haben noch sie vermeiden wollen.

Wie mit den anderen Sinnen verhält es sich auch hier: Nur wenn der Tastsinn den Mind zu einer übermäßigen Abhängigkeit von einer Empfindung verleitet, kann er uns zum Kauf von etwas verführen, das ihn anspricht, selbst wenn wir uns dies nicht leisten können und die Kosten in keinem Verhältnis zum Nutzen stehen. Um es noch einmal zu sagen: Wenn etwas den Mind so sehr beherrscht, daß es unsere Gedanken ständig beschäftigt – und uns damit süchtig macht auf irgendeine Art von Reaktion auf eine Berührung – dann macht uns dies zu Sklaven und kann uns zu Geldverschwendung veranlassen.

You turn away your faces
To look upon the earth
And I am left without your love
Which is your only worth.

You give your love to humans
And expect theirs in return.
My love you have already
But it you often spurn.

When will you ever waken
And turn to look my way
And accept the love I offer you
On each and every day?

My love alone can satisfy
Your deepest human need
And in return I seek from you
Your love on which I feed.

Ihr wendet eure Gesichter ab
und richtet den Blick zu Boden.
Und ich steh' nun ohne eure Liebe da,
das Einzige von Wert, was ihr mir geben könnt.

Ihr gebt eure Liebe den Menschen
und erwartet sie wieder zurück.
Meine Liebe habt ihr schon längst,
aber so oft weist ihr sie ab.

Wann werdet ihr endlich erwachen
und mir in die Augen schaun
und offen sein für die Liebe,
die ich jeden Tag zu verschenken hab'?

Erfüllen kann nur meine Liebe
euer tiefstes menschliches Sehnen;
und auch ich such' eure Liebe,
denn sie nährt mich Tag für Tag.

Kapitel 10

Nahrung

Es ist leicht einzusehen, daß die Geldmenge, die einem zur Verfügung steht, auch viele andere Lebensbereiche beeinflußt, nicht zuletzt die Quantität und Qualität von Essen und Trinken. Außer in Extremfällen wird dies jedoch kaum zu unlösbaren Problemen führen, sofern Verschwendung durch kluge Planung und festen Entschluß vermieden wird.

Im weitesten Sinne bedeutet Nahrung alles, was ein Mensch von außen zu sich nimmt. Sai Baba drückt das so aus: „Die Kalorien, die man durch den Mund aufnimmt, sind nur ein kleiner Teil dessen, was der Mensch aus seiner Umwelt absorbiert. Auch was durch die Sinne aufgenommen wird, ist ein Teil jener Nahrung, aus der ein Mensch geformt wird! Die Klänge, die er hört, die Bilder, die er sieht, was er durch den Tastsinn der Haut erfährt, die Luft, die er atmet, die Umwelt, die seine Aufmerksamkeit beansprucht und die gewürdigt und verarbeitet sein will – all das ist Nahrung. Sie hat erheblichen Einfluß auf den Charakter und den Lebensweg jedes einzelnen. Eßt, um zu leben, und glaubt nicht, daß ihr lebt, um zu essen."

Mit anderen Worten, alles, was wir mittels unserer fünf Sinne in uns aufnehmen – Musik und Worte über das Ohr, Filme und Bücher durch das Auge, Gerüche durch die Nase, den Geschmack von Essen und Trinken, und die charakteristische Oberfläche von Stoffen und allen Dingen, die wir anfassen – all das sollte mitbedacht werden, wenn wir jegliche Art von Verschwendung aus unserem Leben verbannen wollen; und zwar sollte alles danach beurteilt werden, ob es notwendig oder überhaupt wünschenswert für unser Leben ist. Was wir essen und trinken, bildet den Treibstoff, der dafür sorgt, daß der Körper gesund bleibt und effektiv funktioniert, vorausgesetzt, daß wir nichts übertreiben.

Sai Baba sagt dazu: „Die ganze Bandbreite an Geschmack, Farben und Gerüchen, die das Essen in all seinen Formen haben kann, ist, wenn man es genau betrachtet, nur eine Arznei, die die Krankheit „Hunger" heilen soll. Alle Getränke, die sich der Mensch ausgedacht hat, sind Arzneien, mit denen die Krankheit „Durst" bekämpft wird. Der Mensch leidet unter dem Fieber der Sinne und versucht, diesem Leiden mit Sofortrezepten zu begegnen, als da sind Freizeit, Vergnügungen, Picknicks, Bankette, Tanzveranstaltungen etc., nur um später festzustellen, daß sich das Fieber davon nicht gelegt hat."

Sai Baba hat auch auf seine klare und einfache Art die Auswirkungen exzessiven Essens und Trinkens aufgezeigt. „Wenn der Mensch den Inhalt einer Flasche in sich hineinkippt, gerät er dabei selbst in die Flasche und kann nicht mehr heraus! Anfangs trinkt der Mensch den Wein, dann trinkt der Wein noch mehr Wein, und am Ende trinkt der Wein den Menschen. Bis er im Getränk versunken und ertrunken ist."

Es zeichnet sich immer deutlicher ab, daß eine wachsende Zahl von Menschen in der ganzen Welt unter Mangelerscheinungen leiden. Dies gilt sogar für die wohlhabenderen Länder und läßt sich auf die Tatsache zurückführen, daß ein Großteil der angebotenen Lebensmittel durch einen langen Verarbeitungsprozeß geht, bei dem notwendige Nährstoffe verlorengehen. Das Phänomen der modernen Fastfood-Ernährung hat sich fast überall ausgebreitet. Es ist oft eine direkte Folge davon, daß das Leben immer schneller wird, und viele Leute einfach zu wenig Zeit haben für die Planung, den Einkauf, die Vorbereitung und das Kochen einer wirklich nährenden Kost. Es ist soviel einfacher und schneller, Fertigpackungen oder vorgekochte und gefrorene Gerichte zu kaufen, anstatt frische Zutaten zusammenzustellen, die die notwenigen Nährstoffe in ausreichender Menge enthalten und in einer Ausgewogenheit, die uns bei bester Gesundheit erhält.

Ist sogenanntes Fastfood erst zur Gewohnheit geworden, endet dies in einem Teufelskreis. Die Aufnahme wertloser Kalorien führt zu chronischem Hungergefühl, das viele Menschen mit häufigen Snacks zwischen den Mahlzeiten bekämpfen, die genausowenig Nährwert haben. Das Ergebnis äußert sich häufig in Energiemangel, die Menschen werden lustlos und verlieren das Interesse an dem, was sie tun, sie sind zu müde für jede Art von Sport oder anderen körperlichen Betätigungen, und es genügt ihnen vollauf, ihre Zeit und Energie mit nutzlosen Ersatzbefriedigungen zu verbringen.

Sai Baba empfiehlt, soviel Rohkost wie möglich zu essen, um die Energie, die in den Aktivitäten und Verpflichtungen des Alltags verbraucht wird, wiederherzustellen. Immer wieder erinnert er uns daran, daß wir nicht unser Körper sind, ermutigt uns aber andererseits, gut für ihn zu sorgen.

Die Verschwendung von Nahrungmitteln durch visuelle Reize

Es ist eine bekannte Tatsache, daß Speisen, die unser Auge erfreuen, schon durch ihren Anblick den Appetit anregen und dadurch verträglicher werden, denn dies regt die Verdauungssäfte an. Bei Kranken, die an Appetitlosigkeit leiden, kann ein Essen, das auf attraktive Weise serviert wird, die Lebensgeister wieder wecken und sie zur Nahrungsaufnahme ermuntern. Ein Essen so anzurichten, daß Farbe und Form das Auge in ähnlicher Weise ansprechen wie eine aromatische Vorspeise den Gaumen, ist gewiß eine eigenständige Kunstform. Vor allem japanische Köche sind für ihre ästhetischen Arrangements berühmt, und viele Restaurants dieses Landes stellen kunstvoll angerichtete Platten in ihre Schaufenster, um die Gäste anzulocken.

Die visuelle Wahrnehmung läßt uns erkennen, ob ein Nahrungsmittel frisch oder verdorben ist, ob man etwas mit gutem Gewissen essen kann oder besser meidet. Wenn aber der Anblick von Essen Gier oder Sucht hervorruft, kann das zu Verschwendung führen. Die bekannte Redeweise „Die Augen waren größer als der Magen" beschreibt sehr passend, wie man von einem speziellen Lebensmittel oder Getränk mehr kauft und sich dann einverleibt, als man tatsächlich braucht, um Hunger oder Durst zu stillen. Auch hier ist Mäßigung der Schlüssel, wie Sai Baba wiederholt aufzeigt: „Essen ist das Heilmittel gegen den Hunger, Trinken ist das Heilmittel gegen den Durst." Damit ist zugleich gesagt, daß alles, was diese elementaren Bedürfnisse überschreitet, in Richtung Verschwendung geht.

Wie im Fall der Geldverschwendung, so ist die Vergeudung von Nahrungsmitteln durch visuelle Wahrnehmung oft eine Folge der Fernsehwerbung, in der die Werbefachleute alle verfügbaren Möglichkeiten aufbieten, um den Appetit des Zuschauers mit köstlich arrangierten Gerichten anzuregen, was sich unweigerlich in maßlosem Genuß niederschlägt. Einige Menschen können sich dem Anblick eines verführerischen Appetithappens oder eines köstlichen Desserts nicht entziehen, und alle ihre guten Vorsätze fallen in Sekundenschnelle in sich zusammen.

Ganz ähnliche Verlockungen enthält die Werbung in Illustrierten und anderen Zeitschriften, in denen einzelne Nahrungsmittel in lebensechten Farben gezeigt werden und auch noch den abgestumpftesten Gaumen kitzeln. Man stelle sich nur vor, wie schwierig es für diejenigen sein muß, die sich einer strengen Diät unterziehen müssen, und denen ihre Lieblingsspeisen gerade dann ins Auge springen, wenn sie es am wenigsten erwarten und der Verlockung wehrlos ausgeliefert sind.

Wenn bei einem Menschen das Essen zur Hauptbeschäftigung geworden ist, kann das daher kommen, daß es in seiner Kindheit in negativem oder in positivem Sinne überbetont wurde, im Regelfall von den Eltern. Viele Menschen brachten in ihrer Kindheit das Essen mit Zufriedenheit, Wohlgefühl und Sicherheit in Verbindung, in manchen Fällen diente es auch als Ersatz für Liebe, nach der sich jedes Kind sehnt und die jedes Kind braucht. Essen wird von Eltern auch als Mittel der Erpressung eingesetzt, als Belohnung, ja sogar als Drohung oder, im Fall von gezieltem Essensentzug, als Strafe. Diese frühen Konditionierungen können später zu sehr fragwürdigen Einstellungen dem Essen gegenüber führen. Eine weitere, sehr unheilvolle Praxis von Eltern besteht darin, ihre Babys und Kleinkinder zu überfüttern, und zwar aus Angst, sie würden von sich aus nicht genug essen, um groß und stark zu werden und sich richtig zu entwickeln. Dies fördert im späteren Leben die Gewohnheit, zuviel zu essen, und führt zu Gewichtsproblemen mit all den dazugehörigen unangenehmen Begleiterscheinungen. Wird Kindern allerdings Nahrung angeboten, die wirklich nährt, so wählen sie sich aus, was ihr Körper tatsächlich braucht.

Der Gehörsinn und die Vergeudung von Nahrungsmitteln

Wie im Fall der Geldverschwendung, so üben auch in diesem Bereich Fernseh- und Radiowerbung die stärkste Wirkung aus, sei es nun, daß sie die Entscheidung beeinflussen, Nahrungsmittel mit zu geringem Nährwert zu kaufen, oder solche, die Sucht, Übergewicht etc. fördern.

Wenn Nahrungsmittel mit den blumigsten Worten angepriesen werden, kann der Wunsch danach so stark werden, daß der festeste Entschluß, sie zu meiden – sei es aus Gesundheitsgründen oder aus Gründen der Sucht – ins Wanken gerät. Gerade diejenigen, die an Eßsucht leiden, neigen besonders dazu, ihre Standhaftigkeit schnell zu verlieren, wenn sie ausgerechnet von den Speisen hören, für die sie erfahrungsgemäß sehr anfällig sind.

Die Anonymen Alkoholiker raten allen, die ihr Alkoholproblem erkannt haben, jegliche Art von Rauschmitteln zu meiden. Dasselbe gilt für Menschen, die gewisse Nahrungsmittel suchtartig konsumieren, welche bei ihnen erwiesenermaßen Übergewicht erzeugen. Müssen sie sich nun anhören, wie köstlich gerade diese Dinge schmecken – sei es aus dem Radio oder in der Fernsehwerbung oder von Freunden oder Bekannten – macht dies oft den Erfolg jeglichen Selbsthilfeprogramms zunichte, das sie soeben begonnen hatten.

Ähnlich verhält es sich, wenn man von günstigen Angeboten hört, mit denen Läden oder Restaurants werben. Allzuschnell wird der Mind dazu verleitet, solche Vorteile wahrzunehmen, und die Leute legen sich überdimensionierte Vorräte an oder kaufen Dinge, die ihnen nicht guttun, einfach weil alles so lecker klingt oder weil sie scheinbar Geld dabei sparen.

Für viele Leute ist das Essen ein wichtiges Gesprächsthema, interessanterweise am häufigsten im Restaurant, wenn man mit Freunden zusammensitzt. Oft hört man, daß sich die Gespräche an den Nebentischen großenteils ums Essen, die Speisekarte oder um andere Restaurants drehen. Das gilt vor allem dann, wenn einer der Beteiligten gerade von einer Reise zurückgekehrt ist und sich „quer durch's Land gefuttert hat".

Geschmacks- und Geruchssinn und die Verschwendung von Lebensmitteln

Es ist ein großer Unterschied, ob wir essen, um unseren Hunger oder Durst zu stillen, und dabei die Kontrolle behalten, oder ob wir es zulassen, daß ein bestimmtes Nahrungs- oder Genußmittel die Kontrolle über uns gewinnt. Wir erkennen unsere Abhängigkeit daran, daß wir etwas in großen Mengen in uns hineinschlingen oder daß sich unsere Gedanken konstant mit einer Lieblingsspeise beschäftigen. Unser Geschmacks- und Geruchssinn spielen die wichtigste Rolle, wenn es darum geht, im Mind exzessive Gelüste auf eine Speise oder ein Getränk zu wecken.

In vielen Fällen werden Eßgewohnheiten schon im frühen Kindesalter gefestigt. Da wir alle dazu tendieren, den Mustern zu folgen, mit denen uns unsere Eltern programmiert haben, entwickeln wir solche

Gewohnheiten unbewußt, was dazu führt, daß wir sie gar nicht wahrnehmen. Niemand kann eine Gewohnheit ändern, solange er sie nicht bewußt erkennt. Wir müssen also beobachten, wie Geschmacks- und Geruchssinn uns dazu verleiten, bestimmte Nahrungsmittel und Getränke über die Maßen zu konsumieren oder auch andere Substanzen, die diese Sinne ansprechen.

Was einzelne Menschen gerne mögen oder ablehnen, ist sehr unterschiedlich. Für den einen kann das Aroma und der Geschmack von Kaffee äußerst verführerisch sein, während ein anderer mit Widerwillen darauf reagiert. Viele Menschen mögen den Geruch und den Geschmack von Erdnüssen oder eingelegtem Gemüse über alles, mir wird dabei übel. Bei manchen Menschen kann der Rauch einer Zigarette, einer Zigarre oder einer Pfeife Übelkeit hervorrufen, bei anderen dagegen wird die Lust auf den blauen Dunst gerade dadurch geweckt, vor allem dann, wenn sie früher selbst Raucher waren.

Auch der Wein spricht beide Sinne zugleich an. Es gibt Weinkoster, die speziell dazu angestellt werden, Weine mit genau jenem Bouquet auszuwählen, welches von Kennern verlangt wird. Die Sorten, denen sie letztendlich den Vorzug geben, zählen später natürlich zu den gefragtesten und teuersten Weinen. Ebenso geben Teekoster ihr Urteil über Geschmack und Aroma diverser Teesorten ab, und danach werden diese Sorten preislich eingestuft.

Wenn wir unsere eigenen Reaktionen beobachten, so sollten wir dabei nicht wie Wachpolizisten auftreten und uns und andere davon abhalten, mit Genuß zu essen und zu trinken. Was wir aber genauer anschauen und letztendlich vermeiden wollen, ist der verschwenderische Verzehr, der lediglich auf den Geschmack und das Aroma der jeweiligen Nahrungsmittel zurückzuführen ist. Vor allem im Westen existiert ein so überreichliches Angebot an Lebensmitteln, daß fast jeder mit seinen ganz persönlichen Versuchungen zu kämpfen hat, und deshalb ist es notwendig, darauf zu achten, was speziell einen Menschen dazu bringt, Nahrung auf irgendeine Art zu verschwenden. Alle Möglichkeiten hier aufzulisten würde sicher zu nichts führen, da wir alle verschieden sind und jeder seine eigenen Gelüste hat.

Der Tastsinn und die Verschwendung von Nahrungsmitteln

Auch die Art und Weise, wie sich ein Nahrungsmittel beim Anfassen oder beim Hineinbeißen anfühlt, kann einen Menschen dazu verlocken, zu viel davon zu kaufen, oder davon mehr als notwendig zu sich zu nehmen. Das Spektrum ist dabei nicht kleiner als im Falle des Geschmackssinns. Selbst Babys bekunden schon ihre Vorlieben und Abneigungen und richten sich dabei nicht nur nach dem Geschmack, sondern auch danach, wie sich ein Nahrungsmittel anfühlt, wenn sie es anfassen. Sie demonstrieren ihre Zustimmung durch Lächeln oder Schmatzen, ihre Ablehnung durch Grimassen oder Ausspucken. Manche ziehen weiche, breiige Nahrung vor, andere lieben es fester und knackiger. Manche mögen eher warmes als kaltes Essen. Es gibt unendlich viele Variationen des Angezogen- oder Abgestoßenseins.

Neben der Konsistenz spielt auch die Wirkung der verschiedenen Geschmacksrichtungen wie süß, salzig, sauer, würzig, pikant oder bitter eine Rolle und dazu noch die Art und Weise, wie sich dies auf der Zunge und im Mund anfühlt. Auch das Empfinden, das eine bestimmte Speise oder ein Getränk bei uns hervorruft, kann zu Vergeudung führen, sofern der Appetit danach unstillbar wird. Alles, was uns dazu verführt, mehr zu essen oder zu trinken, als wir wirklich brauchen, führt zu Verschwendung.

You are all too attached to what you can see.
When you turn from the world you discover me.
When you loosen attachments and attach to me
I can fill you full of ecstacy.

If you pay the price and are willing to work,
You will reach the goal in which I lurk.
I love you although you know it not.
You are my treasures that never rot.

I polish and carve you to fit my form.
You squirm and resist to fit the norm.
When you break out of your tight little shell
You'll enjoy the peace of which none can tell.

So come into my arms forever to stay
And roam no more, neither night nor day.
For here you are safe and can come to no harm
Like a ship in a harbor where all is calm.

Ihr hängt alle zu sehr an dem, was ihr seht.
Wendet euch ab von der Welt und seht, wer
hier steht.
Laßt eure Bindungen los, kommt näher zu mir,
ich erfülle euch ganz mit Ekstase.

Seid ihr bereit, den Preis zu bezahlen, die Arbeit
zu tun,
dann erreicht ihr das Ziel, das ich meine.
Ich liebe euch, auch wenn ihr's nicht wißt.
Ihr seid meine Schätze, die nie vergehn.

Ich schnitze und schleif' euch zu meiner Form.
Ihr wehrt euch und flüchtet zurück in die Norm.
Zerbrecht ihr aber eure engen kleinen Schalen,
dann
erlebt ihr den Frieden, den niemand beschreiben
kann.

Also kommt in meine Arme für jetzt und für
immer,
und treibt euch nicht mehr herum im
Weltengetümmel.
Denn hier seid ihr sicher vor jeglichem Harm
Wie ein Schiff im Hafen vor Wellen und Sturm.

Kapitel 11

Zeit

Nie werde ich vergessen, wie überrascht ich war, als Sai Baba in einem Interview, das dem Programm zur Begrenzung der Wünsche gewidmet war, die klare Aussage machte, daß jeder Mensch auf der ganzen Welt exakt die gleiche Menge an Zeit zur Verfügung habe. Wir alle haben genau vierundzwanzig Stunden an jedem Tag, in denen wir sämtliche Aktivitäten in unserem Leben abwickeln. Er fügte hinzu, daß jeder Teil, der davon vergeudet wird, für immer verloren ist und nie mehr zurückgeholt werden kann.

Wir alle tendieren dazu, Zeit zu vergeuden, ohne es zu bemerken, einfach, weil uns bestimmte Arten der Zeitverschwendung über die Jahre zur Gewohnheit geworden sind, und wir alle wissen, wie schwer es ist, eine Gewohnheit aufzugeben, wenn sie sich einmal eingenistet hat. So wichtig wie für uns das Wissen darum ist, wie wir den vorhandenen Vorrat an Geld und Nahrung nutzen, so wichtig ist die Klarheit darüber, wie wir mit der Zeit umgehen, denn dann erst sehen wir, ob wir unsere Zeit mit bedeutungslosen oder müßigen Tätigkeiten vergeuden.

Es ist ganz offensichtlich, daß die meisten Menschen den Großteil ihrer Zeit in Karriere oder Beruf investieren müssen, um sich und ihrer Familie den Unterhalt zu sichern. Dies erfordert täglich etwa acht der verfügbaren vierundzwanzig Stunden. Doch selbst in dieser Zeit, die einer gewinnbringenden Tätigkeit gewidmet ist, wird noch allerhand Zeit vergeudet; und das sollte eine nähere Untersuchung wert sein.

Aber es sind vor allem die weniger streng strukturierten Aktivitäten, die überreichlich Gelegenheit zur Zeitverschwendung geben, zum Beispiel der Tagesablauf einer Hausfrau und Mutter, eines Schriftstellers oder eines Künstlers, bei dem die Einteilung weitgehend dem einzelnen selbst überlassen bleibt. Sind keine Autoritätsfiguren vorhanden, die als Aufsicht fungieren, müssen wir diese Rolle selbst übernehmen, um sicherzugehen, daß wir keine Zeit verschwenden. Eine Hilfe in solchen Situationen ist für viele Menschen die Auflistung aller Aufgaben, die während des Tages anstehen. Auf diese Weise wird die ansonsten vage und oft recht verschwommene Situation klarer strukturiert, und es wird vermieden, daß die Zeit in Untätigkeit, Konfusion und Frustration verstreicht. Ist die Zeit erst besser eingeteilt, dann steht auch mehr davon für Freizeitaktivitäten zur Verfügung. Aber gerade in der Zeit, in der sie sich keinen wichtigen Verpflichtungen gegenübersehen, neigen viele Menschen dazu, Dinge zu tun, die ihnen nur minimale Erfüllung verschaffen, was auch eine Art der Zeitvergeudung darstellt.

Die meisten Menschen scheinen zu bestimmten Tageszeiten wacher und aufgeweckter zu sein, während zu anderen Zeiten ihre Energie offensichtlich abfällt. Einige behaupten von sich sogar, sie seien „Nachtmenschen", die lieber lange aufbleiben und frühmorgens kaum aus dem Bett kommen. Andere dagegen genießen den Tag und harren, wenn sie am Morgen aufwachen, voller Begeisterung der Dinge, die dieser für sie bereithält. Die „Tagmenschen" gehen jedoch früher zu Bett als ihre nachtschwärmerischen Freunde. Es ist somit äußerst sinnvoll, die besten und die weniger guten Phasen des Tages oder der Nacht festzustellen und die wichtigsten Aufgaben nach einem solchen Schema einzuteilen, daß die verfügbare Zeit optimal ausgenutzt werden kann.

Sai Baba hat auch erwähnt, daß zu viel Schlaf Zeitvergeudung ist, vor allem dann, wenn man damit dem Leben und den anstehenden Problemen aus dem Wege geht; oder wenn man sich damit vor Aufgaben drückt, die als unangenehm oder langweilig empfunden werden. Anstehende Arbeiten, schwierige Beziehungen oder Probleme anderer Art sollten angegangen und gelöst und nicht durch Schlaf gemieden werden.

Ratsam ist weder zu viel noch zu wenig Schlaf. Unterschiede in den individuellen Bedürfnissen entstehen aufgrund unseres Stoffwechsels, deshalb sollten wir das richtige Quantum an Ruhe, das unser Körper zur Regeneration braucht, selbst bestimmen. Am besten reguliert man den Schlaf dadurch, daß man jede Nacht gleich lange schläft. Dazu muß man der Versuchung widerstehen, sich in unnützen Tätigkeiten zu verlieren, die den Schlaf aufschieben, denn dann steht man am nächsten Morgen eher müde und zerschlagen auf. Genausowenig wünschenswert ist es, sich gehen zu lassen und zu lange im Bett zu bleiben, denn das führt zu Trägheit.

Sai Baba erklärt immer wieder, daß die meisten Menschen ihre Zeit mit müßigen und bedeutungslosen Aktivitäten vertun, aber sich ständig beklagen, sie hätten keine Zeit für Gottesdienst, Meditation oder andere nutzbringende Tätigkeiten. Es ist sehr wichtig, Arbeit, körperliche Übungen, Ernährung, Schlaf, Gottesdienst und Freizeit in eine Balance zu bringen, nur so bleibt man an Körper, Geist und Seele gesund. Folgenden Vorschlag hat Sai Baba für seine Schüler: „Von den vierundzwanzig Stunden, die ihr am Tage habt, reserviert sechs für eure individuellen Bedürfnisse, sechs für den

Dienst an anderen, sechs zum Schlafen und sechs, um in der Gegenwart des Herrn zu verweilen. Diese letzten sechs Stunden werden euch stählerne Kraft geben."

Es scheint nur wenigen klar zu sein, daß, wer Zeit verschwendet, nicht nur seine eigene Zeit, sondern auch die anderer verschwendet, was soviel bedeutet, wie Zeit von andern zu stehlen. Wie können wir die Zeit anderer verschwenden? Wenn wir zu einer Verabredung mit anderen zu spät kommen, vergeuden wir nicht nur unsere eigene Zeit, sondern auch die Zeit derjenigen, die auf unser Eintreffen warten müssen. Unser Zuspätkommen bedeutet, daß wir denen, die auf uns warten, unnötigen Streß bereiten, egal, ob dies Freunde sind oder Geschäftspartner, Kinder, die wir von der Schule abholen, oder Menschen in Dienstleistungsberufen wie Friseure, Ärzte, Zahnärzte und alle, die einem Terminplan folgen müssen.

Viele Leute haben sich schon oft geärgert, weil sie durch langes Warten gezwungenermaßen Zeit verloren, nur weil eine andere Person aus Nachlässigkeit ihren Termin nicht eingehalten hatte, eine Respektlosigkeit, die auch alle nachfolgenden Personen zu Verspätungen zwingt. Besonders ärgerlich ist dies, wenn die fragliche Person schon als Zuspätkommer bekannt ist. Das gleiche gilt für Familienmitglieder, die die anderen regelmäßig warten lassen, während sie noch einzelne Dinge in Ordnung bringen, die schon viel früher in Angriff hätten genommen werden sollen. Schon oft haben mir Kinder erzählt, wie ängstlich und vernachlässigt sie sich fühlten, wenn sie vom Kindergarten nicht rechtzeitig abgeholt wurden, sondern noch auf ihre Eltern warten mußten, als die andern Kinder schon längst gegangen waren.

Natürlich kann es unerwartete Verzögerungen geben wie Verkehrsstaus, einen Unfall, ein verspätetes

Flugzeug und vieles mehr, was man dem Betroffenen nicht anrechnen kann. Vor allem aber sollten sich alle fragen, die sich das Zuspätkommen zur Gewohnheit gemacht haben und andere immer warten lassen, warum sie das tun. Liegt die Ursache in der Kindheit, etwa bei Eltern, die sie immer angetrieben haben? Wollen sie damit nur Aufmerksamkeit erregen oder Macht über andere ausüben, um Gefühlen wie Unsicherheit, Frustration, Unzulänglichkeit oder geringes Selbstbewußtsein etwas entgegenzusetzen? Ganz abgesehen von der Ursache ist es ohne Zweifel ein Zeichen von Egozentriertheit und Mangel an Respekt gegenüber anderen, und es bleibt die Tatsache, daß Zuspätkommer sowohl ihre eigene wie auch die Zeit anderer vergeuden. Und das heißt soviel, wie etwas stehlen, das einem andern gehört.

Was für Zeitdiebe gibt es noch? Das Sich-Sorgen-Machen nimmt einen ersten Platz auf der Liste ein. Es bringt nicht den geringsten Vorteil und verschlingt Zeit, die besser in zielgerichtete Aktivitäten investiert wäre. Sorgen sind wie die Räder eines Wagens, die sich im Sand drehen und das Fahrzeug an der Fortsetzung seiner Reise hindern – sie verzögern jegliches Weiterkommen.

Wer sich ohne Ende über seine eigenen Probleme ausläßt, entweder direkt oder über das Telefon, hindert sich und seinen Gesprächspartner daran, diese Zeit vorteilhaft zu nutzen. Ein Problem zu diskutieren mit dem Ziel, es zu lösen, kann hilfreich sein; aber im Kreise herumzureden und nicht vorwärtszukommen stiehlt die Zeit des Zuhörers wie auch des Sprechers.

Auch das Tagträumen ist eine nutzlose Aktivität, der sich viele Menschen bis zum Exzeß hingeben. Jeder braucht eine gewisse Zeit, in der sich das Nervensystem beruhigen und auf den Normalstand zurückkehren kann, wenn er gerade eine Phase größerer Aktivität

– sei diese nun körperlicher, mentaler oder emotionaler Natur – hinter sich hat. Doch anstatt Zeit in müßigen Träumereien, mit Sorgen und Nervosität vergehen zu lassen, ist es viel besser, den Mind zu beruhigen und sich jenem weiseren Teil in uns – dem Höheren Selbst – zuzuwenden, das uns mit neuer Inspiration zur Seite steht, wann immer es gebraucht wird. So ist die Zeit wirklich gewinnbringend genutzt und nicht vergeudet. Je mehr wir uns nach innen wenden und das Höhere Bewußtsein befragen, das uns allen zugänglich ist, desto besser wird uns unser Leben gelingen, da es immer mehr dem Einfluß des wahren Selbst unterliegt und nicht dem Ego mit seinen vielfältigen Wünschen.

Zeitverlust aufgrund visueller Wahrnehmung

Wie beeinflußt nun das Auge den Mind so, daß er sich jenen Dingen zuwendet, die für uns verlorene Zeit bedeuten? Jede Aktivität ist Zeitverschwendung, sofern sie nicht der betroffenen Person und/oder anderen zugute kommt. Einige vorrangige Zeitverschwender, die sich überwiegend an unsere visuelle Wahrnehmung wenden, sind Videos, Kinofilme, Theaterstücke und das Fernsehen, sofern das gewählte Programm für den Zuschauer wenig Positives beinhaltet. Um bestimmen zu können, ob eine Sendung die Zeit wert ist, die man in sie investiert, ist es wichtig, genau herauszubekommen, welchen möglichen Nutzen man daraus zieht.

Viele sogenannte Unterhaltungssendungen präsentieren uns Sex und Gewalt und haben einen negativen Einfluß auf den Zuschauer. Alles, was wir durch die Sinne in unseren Körper aufnehmen, wird in ähnlicher Weise internalisiert wie die Nahrung und kann eine inspirierende und erhebende Wirkung auf uns ausüben, kann uns aber auch über die Maßen stimulieren und negative Emotionen in uns wachrufen, wenn wir nämlich dazu ermuntert werden, uns mit weniger wünschenswerten Instinkten zu identifizieren.

Aber nicht nur beim Konsumieren schlechter Fernsehprogrammen, sondern auch mit exzessivem Lesen kann man wertvolle Zeit vergeuden, ob es sich nun um Bücher, Magazine oder Zeitschriften handelt. Das gilt besonders dann, wenn sie Dinge thematisieren, die einen negativen Einfluß haben können und zu gewalttätigem oder destruktivem Verhalten führen, oder wenn das Lesen einfach der Flucht aus unseren Alltagspflichten oder Familienbeziehungen dient. Viele lesen die Zeitung leider von der ersten bis zur letzten Seite und widmen dabei gerade den scheußlichsten und sensationslüsternen Beiträgen über Gewalttätigkeit, Mord, sexuellen Mißbrauch ihre besondere Aufmerksamkeit. Viele Stunden werden so unnötig mit müßiger, wenig inspirierender Lektüre vertan.

Zeitverlust aufgrund akustischer Wahrnehmung

In derselben Weise wie Geld und Essen aufgrund akustischer Stimulation verschwendet werden können, gilt dies auch für die Vergeudung von Zeit. Dazu gehören die zahllosen Stunden, die viele vor dem Fernseh- oder dem Rundfunkgerät verbringen, sowie manche Theaterstücke, Vorträge und Seminare, deren Inhalte den Mind und die Gefühle durcheinanderbringen, weil sie eher zusammenhanglos und unbrauchbar als erhebend und aufbauend sind.

Es gibt aber noch andere Möglichkeiten der Zeitverschwendung, bei denen das Ohr im Spiel ist. Dazu zählen oberflächliche Gespräche – persönlich oder über das Telefon – vor allem solche, bei denen schlecht über dritte Personen geredet wird.

In letzter Zeit gab es allerhand Diskussion über die verschiedenen Arten der Umweltverschmutzung, und die Aufmerksamkeit richtet sich nun auch stärker auf die Quellen der Lärmbelästigung, das können Flugzeuge, dichter Straßenverkehr, Preßlufthämmer und ganze Baustellen, bellende Hunde, aufheulende Motorräder, Radios, Stereoanlagen oder Fernsehgeräte, schreiende Kinder oder Personen mit ungewöhnlich lautem Stimmorgan sein. All dies kann zu Zeitverlust führen, wenn es uns von der Aufgabe ablenkt, die wir gerade vor uns haben. An vielen Arbeitsplätzen wird die Lärmbelästigung als ein Faktor gesehen, der die Produktivität verlangsamt, und viele Organisationen „überspielen" solche Beeinträchtigungen mit sanfter, neutraler Musik, sogenanntem „white sound".

Wir selbst tragen die Verantwortung dafür, daß wir unsere eigene Zeit nicht verschwenden. Das kann bedeuten, daß wir uns dazu aufraffen, solche Ablenkungen soweit wie möglich auszuschließen ohne anderen dabei Unannehmlichkeiten zu bereiten. Manchmal setzt dies Courage voraus, etwa wenn man eine Autoritätsperson auf eine Lärmquelle anspricht und sie bittet, diese zu beseitigen.

Oft ist eine direkte Einflußnahme nicht möglich oder nicht angebracht, und man muß sich mit Schutzmaßnahmen behelfen. Ich selbst bin gegenüber Geräuschen äußerst sensibel und trage deshalb immer Wattebäuschchen oder Ohrenstöpsel bei mir, um Situationen vorzubeugen, denen ich machtlos ausgeliefert bin.

Jede Art von Umweltbelastung verursacht Streß, der nicht nur zu Zeit- sondern auch zu Energieverlusten führt. Dadurch, daß wir sie so weit wie möglich vermeiden - ohne dabei fanatisch zu werden und anderen Probleme zu bereiten - können wir den Streß, an dem wir alle zu tragen haben, verringern und die Zeit einsparen, die wir sonst durch die Umweltbelastung verloren hätten.

Zeitverlust durch den Geruchs- und Geschmackssinn

Auch als Zeitverschwender treten diese beiden Sinne oft gemeinsam auf. Wenn wir zum Beispiel frischen Kaffee riechen oder frisch gebackenes Brot oder jeglichen Duft, der unseren Geruchssinn anspricht, so kann uns das zur Verschwendung wertvoller Zeit veranlassen, die wir anderweitig nutzbringender hätten verwenden können.

Auch bei der Zubereitung von Speisen kann man Zeit vergeuden. Viele genießen das Kochen wegen der wunderbaren Küchengerüche, die die Luft erfüllen, und freuen sich schon im voraus auf ein vielversprechendes Mahl. Wenn dabei zuviel Zeit vertan wird, die anderweitig gewinnbringender hätte genutzt werden können, ist dies Verschwendung. Sowohl den Gourmets als auch den Gourmands muß man ankreiden, daß sie beim Genießen von Speis und Trank unangemessen viel Zeit verschwenden. Das soll nicht heißen, daß wir zu schnell essen sollen und unsere Mahlzeiten hinunterschlingen müssen, ohne zu berücksichtigen, daß Entspanntheit und Ungestörtheit beim Essen für die Verdauung sehr wichtig ist. Es sollte lediglich ausgeschlossen werden, daß dabei zuviel Zeit verlorengeht.

Der Tastsinn und die Gefahr der Zeitverschwendung

Der Tastsinn ermöglicht uns zu erkennen, wie sich etwas außerhalb oder innerhalb unseres Körpers anfühlt. Er zeigt uns, was auf uns eine angenehme Wirkung hat und was uns Schmerz oder Unannehmlichkeit bereitet.

Manche Leute brauchen einen Reiz, um sich wohlzufühlen, andere mögen es eher entspannt und ruhig. Sai Baba spricht oft von den drei *gunas* und ihrer Wirkung auf den Menschen: *Rajasische* Substanzen oder Erfahrungen haben zum Beispiel eine stimulierende Wirkung, *tamasische* Einflüsse machen die Leute eher träge und lethargisch, während *sathwische* Bedingungen einen ruhigen und doch wachen Zustand fördern. Sai Baba rät uns, so viel wie möglich im *sathwischen* Zustand zu sein und uns nicht vom Monkey Mind in einen der anderen beiden Zustände hinüberziehen zu lassen, oder zwischen diesen beiden hin- und herzudriften.

Wenn wir es zulassen, daß uns der Tastsinn beherrscht und uns von Dingen abhängig macht, die uns ein gutes Gefühl verschaffen, können wir leicht unsere Zeit damit vergeuden, daß wir uns diesen Sinnesempfindungen ganz überlassen und so die Kontrolle über sie verlieren, anstatt sie im Griff zu haben, wie es einem ausgeglichenen Zustand entspräche.

Drogen, Alkohol, Sex und andere Stimulantien oder Beruhigungsmittel können Zeitverluste verursachen und uns darüber hinaus daran hindern, unser Leben und unsere Arbeit effektiv zu gestalten. Wenn wir zu aufgekratzt sind, haben wir weder eine Situation sicher im Griff noch unsere Gedanken, unsere Gefühle und Handlungen. Genauso ist es, wenn wir durch Beruhigungsmittel in einen Zustand geistiger

Lähmung verfallen; auch dann können wir bei unserer Arbeit, in unseren Beziehungen oder in anderen Lebensbereichen nicht angemessen und verantwortungsvoll handeln.

Nur wenn wir entspannt sind, aber nicht ruhiggestellt, wach, aber nicht aufgeregt, können wir der inneren Führung durch das Höhere Selbst bewußt folgen. Unser Ziel sollte es sein, die Extreme zu vermeiden und unser Leben in einen Zustand durchgehender Balance zu bringen. Alles, was unsere Wahrnehmung einschläfert oder überreizt, kann unerwünscht Kontrolle über uns gewinnen und so zum Verlust unserer wertvollen Zeit führen. Nehmen wir ein Beispiel: Surfen – ein sehr beliebter Zeitvertreib (vor allem in Südkalifornien) – kann zur Sucht werden und wie eine Droge wirken, wenn es exzessiv betrieben wird. Begeisterte Surfer lieben diesen Sport, weil er eine gewisse Erregung mit einem nahezu hypnotischen Zustand kombiniert. Surfen kann eine hervorragende sportliche Betätigung sein, wenn man sie im Griff hat und nicht übermäßig Zeit damit verschwendet, auch wenn man sich dabei fantastisch fühlt.

Fitnesstraining, Aerobic, Langlaufen und andere körperliche Aktivitäten können echte Zeitverschwender werden, wenn sie den Athleten so im Griff haben, daß sie für ihn zur Droge, ja zur Besessenheit werden und dazu führen, daß er andere Lebensbereiche vernachlässigt. Wir alle kennen die Witze von der „Golferwitwe", deren Ehemann seine Leidenschaft eher in seinen Sport investiert als in Frau und Familie, weil er sich beim Golfen einfach wohlfühlt.

Auch exzessives Sonnenbaden ist eine Art der Zeitverschwendung, wenn es dazu führt, daß die Sonnenanbeter zu viele Stunden in der Sonne verbringen. Hinzu kommt heutzutage die Gefahr von Hautkrebs.

Ist man der Sonne zu lange ausgesetzt, kann das Vergnügen schnell in Schmerz umschlagen.

Dies sind nur einige wenige Beispiele. Wir alle müssen uns unserer ganz persönlichen „Zeitverschwender" mehr bewußt werden und darauf achten, daß wir nicht mit Aktivitäten Zeit vergeuden, die unseren Tastsinn und unser inneres Wohlgefühl ansprechen. Wichtig ist ein Zustand der Ausgeglichenheit. Er schützt uns davor, durch unsere taktile Wahrnehmung Zeit zu verlieren.

I am the breath of your life,
I am the sound of your song,
I am the heat of your sun,
So what can go wrong?

You must have no fear,
For I am within;
Go forth with gladness,
Filled to the brim.

Let my love shine forth
On all those you meet
While on a journey,
Or as a man in the street…

You must love me and cradle me
And make me your own,
And I will be with you
Wherever you roam.

I am deep inside you
And can never be lost,
So accept my presence
And don't count the cost.

I will be with you
From morning to night,
To fill you forever
With my shining light.

So rock me and cradle me
And sing me a song,
And you will discover
You cannot go wrong.

Ich bin der Atem deines Lebens,
ich bin die Melodie deines Lieds,
ich bin die Wärme deiner Sonne,
Was also kann schiefgehen?

Hab keine Furcht,
denn ich bin in dir;
geh hinaus in diese Welt,
randvoll mit Glück.

Gib das Strahlen meiner Liebe
allen, die du triffst,
sei es auf einer Reise,
oder in den Straßen deiner Stadt…

Du mußt mich lieben und mich behüten,
mich dir zu eigen machen,
dann bin ich bei dir,
wohin du auch gehst.

Ich wohne tief in deinem Innern
und geh dir nie verloren,
also begrüße meine Gegenwart
und rechne die Kosten nicht auf.

Ich werde mit dir sein
von frühmorgens bis spät in die Nacht,
mit dir auch mein strahlendes Licht,
das für immer dich füllt.

Also wiege mich und behüte mich
und sing mir ein Lied,
und bald wirst du sehen,
daß du richtig liegst.

Kapitel 12

Energie

Im Gegensatz zur Zeit ist der Vorrat an Energie, den jeder einzelne besitzt, verschieden. Von Geburt an bestehen da große Unterschiede. Jeder von uns tut deshalb gut daran, die jeweilige Energiemenge, mit der er gesegnet ist, so produktiv wie möglich zu nutzen und jegliche Vergeudung dieses kostbaren Gutes zu vermeiden.

Eine sehr wirkungsvolle Möglichkeit, weniger Energie zu verschwenden, besteht darin, die Gewohnheit des Festhaltens aufzugeben, die die hauptsächliche Ursache für Herzinfarkte, Magengeschwüre, Schlaganfälle, Nervenzusammenbrüche, Selbstmorde und viele andere Probleme darstellt, die aus Streß entstehen. Streß resultiert ausnahmslos aus dem Zwang, Situationen, andere Menschen oder unser eigenes Leben mit aller Macht unter Kontrolle halten zu müssen. Wir mögen uns dieses akuten Bedürfnisses, unsere Umgebung jederzeit im Griff haben zu müssen, nicht bewußt sein, bis dann der daraus erwachsene Streß uns zwingt, seine Ursache zu erkennen, und diese liegt in unserer ganz persönlichen Lebenseinstellung.

Entschärfen kann man diese Situation, indem man sich klar darüber wird, daß es einfach nicht notwendig ist, sich ständig zu Höchstleisungen anzutreiben und in allem nach Perfektion zu streben. Solche nutzlosen Anstrengungen resultieren nicht nur in Verlust von Energie, sondern führen zu Spannungen, die unser Nervensystem derart belasten können, daß wir uns nicht einmal mehr den einfachsten Aufgaben gewachsen fühlen.

Wenn wir lernen, die Dinge nicht durch den Willen oder den Mind zu forcieren, sondern zu entspannen und dem Höheren Selbst zu erlauben, die anstehenden Aufgaben durch uns zu bewältigen, dann werden wir entdecken, daß die Spannungen abfallen und wir alles, was ansteht, gut bewerkstelligen und vollenden können, und immer noch ein großer Vorrat an Energie übrigbleibt. Dieses Mehr an Energie kann für Meditation, Übungen oder zum Dienst an jenen genutzt werden, die in einer weniger glücklichen Lage als wir selbst sind, aber auch für all jene Dinge, für die wir sonst nie Zeit und Energie haben, weil wir uns zu müde fühlen.

Sai Baba sagt dazu, daß „Gedanken im Mind entstehen, sich durch Worte ausdrücken und in Taten materialisieren". Und deshalb schlägt er vor, daß wir „alle unsere Gedanken, Worte und Taten Gott widmen, indem wir unseren Willen aufgeben, Seinen Willen annehmen und jegliche Initiative Seiner Eingebung überlassen, jegliche Ausführung unter Seine Leitung stellen und alle Folgen daraus als Seinen Plan erkennen". Etwas, das uns helfen kann, auf diese Weise loszulassen, ist die aufrichtige Bitte an das Höhere Selbst in der morgendlichen Meditation:

1. **DENKE** durch uns den ganzen Tag. Das wird unserem Geist helfen, wach und frei zu bleiben und für das wirklich Notwendige zur Verfügung zu stehen. Dann können wir uns entspannen und der inneren Richtung folgen, die wir alsbald herausfinden werden. Auf diese Weise werden wir viel mehr zustande bringen, als jemals zuvor, und dies mit weniger Streß und Anstrengung. Dies wiederum wird eine Ersparnis an Zeit und Energie zur Folge haben.

2. **FÜHLE** durch uns den ganzen Tag. Diese Bitte wird uns darin unterstützen, daß wir unseren kostbaren Energievorrat nicht mit nutzlosen Gefühlsduseleien vergeuden, oder gar mit negativen Emotionen wie Wut, Angst, Haß, Eifersucht, Neid und so weiter. Sai Baba sagt, daß ein Wutausbruch mehr Energie verbraucht, als wir aus der Nahrung empfangen, die wir über drei Monate aufnehmen. Mit unserem Zorn verschwenden wir also nicht nur Lebensenergie, sondern auch andere Formen von Energie wie Geld, Nahrung und Zeit.

3. **SPRICH** durch uns den ganzen Tag. Diese Bitte wird uns dabei unterstützen, den immensen Energieverbrauch einzudämmen, der entsteht, wenn wir zu eindringlich sprechen, oder wenn wir aus dem Zorn heraus reden oder aus der Entschlossenheit, uns durchzusetzen, oder um Kontrolle über eine andere Person auszuüben. Seit langem ist erwiesen, daß die menschliche Stimme als ein effektives Mittel eingesetzt werden kann, um Macht über andere zu gewinnen, vor allem, wenn diese sich von vornherein leicht von anderen dominieren oder hypnotisieren lassen. Sai Baba sagt, daß „die Sprache ein großes Geschenk ist, denn sie ist die natürliche Waffe des Menschen. Tiere haben Hörner, Stoßzähne, Krallen, Reißzähne und andere Waffen, mit denen sie sich schützen. Aber nur der Mensch besitzt die Sprache, die bei liebevollem Gebrauch die wirksamste aller Waffen sein kann."

4. **HANDLE** durch uns den ganzen Tag. Dies hält die Verschwendung von Energie, die durch unnötige Aktivität entsteht, auf einem Minimum und hilft uns, die zwanghafte Kontrolle aufzugeben, so daß alles, was wir tun, entspannt und fließend wird.

5. Sende Deine **LIEBE** durch uns den ganzen Tag, lasse sie durch unsere Gedanken, Gefühle, Worte und Taten nach außen fließen, damit wir möglichst viel Energie für nutzbringende Tätigkeiten zur Verfügung haben. Alles, was wir ohne Liebe tun, ist Energieverschwendung. Handeln wir mit Liebe, können wir unseren Monkey Mind daran hindern, durch die Gegend zu flitzen und nach äußeren Objekten zu suchen, auf denen er sich niederlassen kann wie ein Schmetterling auf der Suche nach Nektar. Und so schwindet auch allmählich die Versuchung, Geld, Nahrung, Zeit und Energie zu verschwenden. Denn unsere Gedanken, Gefühle, Worte und Taten sind dann vom Höheren Selbst geleitet, das keinerlei Verschwendung zuläßt, da es sich immer in perfekter Balance befindet. Diese Lebensweise erlaubt es uns, ein weitere Aufgabe zu bewältigen, die uns Sai Baba gestellt hat, nämlich aus unseren Gedanken, Worten und Taten eine Einheit zu bilden, anstatt auf jeder Ebene unterschiedliche Haltungen auszudrücken. Dann können wir frei und offen sein, ohne etwas verstecken zu müssen, ohne Hinterlist und ohne Manipulation.

Abgesehen von unserer eigenen Energie sollten wir auch mit anderen Energieressourcen – Wasser, Elektrizität, Treibstoff etc. – sparsam umgehen, damit wir weiterhin genug davon haben. Auf diese Weise tragen wir auch dazu bei, die natürlichen Ressourcen des Planeten zu erhalten, deren gegenwärtige Verschwendung ein globales Problem darstellt. Dazu gehört es auch, mit Rücksicht auf die Wälder den Papierverbrauch zu drosseln, denn diese werden gegenwärtig mit rasanter Geschwindigkeit abgeholzt, um den wachsenden Bedarf an unzähligen Holzprodukten in allen Teilen der Erde zu befriedigen.

Auch Wasser ist eine Form von Energie, und denken wir an die zunehmende Trockenheit in vielen Gebieten der Erde, so sollten wir auch hier achtsam sein und Wasserhähne nicht endlos laufen lassen, die Toilette sparsam spülen, Duschzeiten oder die Zahl unserer Vollbäder einschränken, nicht mehr als nötig Wasser zum Gießen des Gartens verwenden, die Geschirrspülmaschine und die Waschmaschine nicht unnötig benutzen und auch alle anderen Tätigkeiten, bei denen Wasser verbraucht wird, mit Bedacht ausführen.

Eine weitere Möglichkeit, Verschwendung einzudämmen, ist das Recycling von Glas, Metall und Plastik. Zu diesem Thema gibt es laufend neue Ideen; eine Informationsquelle bieten dabei die zuständigen Behörden in Gemeinden und Landkreisen, aber auch private Initiativen mit eigenen Projekten.

Energieverlust durch die visuelle Wahrnehmung

Die Augen sind die sensibelsten Organe unseres Körpers, und wir alle tendieren dazu, sie über die Maßen anzustrengen und zu überreizen, weil wir erwarten, daß sie uns endlos dienen, ohne dabei die geringste Pflege zu erfordern. Angestrengte Augen bedeuten einen erheblichen Energieverlust, denn die Augen sind direkt mit dem Nervensystem verbunden. Wenn die Augen überreizt oder müde sind, fühlt sich der ganze Mensch energielos.

Heutzutage erwarten wir von den Augen Leistungen, von denen man zu Beginn des Jahrhunderts nicht einmal träumen konnte. Ganz selbstverständlich gehen wir davon aus, daß sie über Stunden kleingedruckte Schriften lesen, und dabei achten wir nicht immer darauf, daß genügend Licht zur Verfügung steht. Wir erwarten, daß sie ohne Pause auf einen Computerbildschirm starren oder für Stunden auf den Fernsehapparat, und wir setzen sie noch zahllosen anderen Reizen aus, die unsere Augen anstrengen und unseren Energiehaushalt ernsthaft gefährden.

Um solche Probleme zu vermeiden, müssen wir Abwechslung in unsere physischen Aktivitäten bringen, damit die Augen immer wieder ausruhen können. Dabei sollten wir Aufgaben suchen, bei denen die größeren Körpermuskeln betätigt werden und die sensible Augenmuskulatur geschont wird. Nach einer intensiven Arbeitsphase empfiehlt sich auch eine Betätigung, bei der die Augen ins Weite schauen können, denn dabei tritt ein anderer Teil der Augenmuskulatur in Aktion. Diese einfache Übung kann überreizten Augen schnell Erleichterung verschaffen. Genauso wie alle anderen Muskeln braucht auch die Augenmuskulatur regelmäßige Übungen, aber nicht solche, die noch mehr Energie verbrauchen. Viele Dinge, die wir tun, bewirken eine Art Hypnose, in der wir nicht darauf achten, daß wir eigentlich Energie verlieren.

Aber wir können auch Energie verschwenden, indem wir zulassen, daß sich über die Augen ein Wunsch in uns festsetzt. Wir setzen dann nämlich Energie ein, um uns diesen Wunsch zu erfüllen, zum Beispiel mit einer Fahrt zum nächsten Supermarkt. Wenn wir uns den Wunsch andererseits nicht erfüllen, sind wir vielleicht so frustriert, daß wir mit Zorn, Sorge oder Bedauern reagieren und auf diese Weise Energie verlieren. Bedauern zum Beispiel verbraucht mehr Energie als eine sportliche Aktivität, denn sie nagt an unserem geistigen Gleichgewicht.

Energieverlust über das Ohr

Immer wenn wir ein Sinnesorgan bis zur Erschöpfung gebrauchen, bedeutet dies einen Energieverlust. So wie wir eine Überreizung der Augen wahrnehmen, wenn sie zu viel arbeiten, können wir unsere Energie auch schwächen, indem wir die Ohren mit Mißklängen überfrachten. Besonders deutlich wird dies, wenn wir über lange Zeitspannen lautem Lärm ausgesetzt sind und uns dann ermattet fühlen, weil unsere Nerven überreizt sind. Bei Kindern und Jugendlichen gehört es zum Zeitgeist, fast ununterbrochen laute Musik zu hören, was im Endeffekt den Gehörsinn schwächt, oft in alarmierendem Ausmaß. Jeder Reiz, dem das Nervensystem ausgesetzt ist, bewirkt im ganzen Körper Streß, der wiederum den Energiespiegel der betroffenen Person senkt.

Experimente, in denen die Auswirkung von Klängen auf das Wachstum von Pflanzen untersucht wurde, brachten hochinteressante Ergebnisse. Wurden die Pflanzen melodiöser Musik ausgesetzt, so wuchsen sie höher und kräftiger, dehnten sich aus und schienen eine Art Wohlgefühl auszustrahlen. Wurden sie aber harten Klängen ausgesetzt, zum Beispiel Rock-and-Roll-Musik, so wuchsen sie nicht so schnell und waren nicht annähernd so gesund, einige gingen sogar ein. Wenn Pflanzen so negativ auf gewisse Klänge reagieren, wieviel stärker muß dann die Wirkung auf den Menschen sein, und wieviel Energie muß er dadurch verlieren!

Wir alle haben die Freiheit zu wählen, ob wir unseren Energiespiegel senken wollen, indem wir unsere Ohren schrillem Lärm aussetzen, und damit weniger einsatzfähig sind. Wir haben aber auch die Wahl, unsere Ohren solchen Klängen zu verschließen, von denen wir wissen, daß sie eine Attacke auf unseren

Hörsinn darstellen und unsere Energien erschöpfen. Zum Beispiel können wir Menschen meiden, die sich mit lauter Stimme beklagen oder schreien, weil in ihrer Einbildung oder aber in Wirklichkeit etwas falsch gelaufen ist.

Wir alle brauchen Phasen der Stille, in denen sich Ohren und Nerven erholen können, besonders aber diejenigen, die tagsüber bei ihrer Arbeit einem extremen Lärmpegel ausgesetzt sind. Jede Aktivität, die ohne Unterbrechung ausgeübt wird, schwächt unser Nervenkostüm, das nach einer Streßphase Ruhe braucht, um wieder normal funktionieren zu können.

Energieverlust über den Geschmacks- und Geruchssinn

Die Nahrung, die wir zu uns nehmen, stellt unsere Hauptenergiequelle dar. Wir müssen daher sichergehen, daß wir unserem Körper die Nahrung zuführen, die das für unseren Alltag benötigte Optimum an Energie aufbaut. Zucker ist eines jener Lebensmittel, die bei vielen Leuten den Energiespiegel gewaltig verändert, so daß ihr ganzes System wiederholten Schocks ausgesetzt ist. Das gilt vor allem für diejenigen, die an Unterzucker leiden. Bei Unterzucker steigt der Zuckerspiegel im Blut nach Einnahme von Zucker zu hoch an, diesem Anstieg folgt gewöhnlich ein drastischer Abfall des Zuckerspiegels.

Den meisten Menschen schmecken süße Speisen und Getränke außerordentlich gut. Viele sind jedoch geradezu süchtig nach dem Energieschub, den der Zucker kurzzeitig verschaffen kann. Diabetiker zeigen bei Zucker die gegenteilige Reaktion und müssen deshalb die Zuckermenge, die sie zu sich nehmen, genau steuern, um nach einem plötzlichen Abfall des Insulinspiegels nicht in ein Koma zu fallen. Interessanterweise gibt es Hinweise darauf, daß Unterzucker in Diabetes übergehen kann, wenn man ihn nicht unter Kontrolle bringt. Überraschenderweise kontrolliert man Unterzucker am wirkungsvollsten durch die gleiche Vorgehensweise, die Diabetiker gezwungenermaßen befolgen: durch drastische Reduzierung der Zuckerzufuhr in jedweder Form.

In einigen Fällen von Alkoholismus wurde nachgewiesen, daß hier ein Ungleichgewicht in der Zuckerzufuhr zugrunde lag, auch wenn dies nicht offensichtlich war. Sai Baba hat uns gewarnt, daß weißer Zucker eine mögliche Krebsursache ist, was auf die beim Bleichen verwendete Lauge zurückzuführen ist.

Will man mit all dem verantwortlich umgehen, so bedeutet das, eine gewisse Ausgewogenheit anzuvisieren und immer daran zu denken, den Monkey Mind unter Kontrolle zu halten und ihm nicht zu erlauben, nach zuckerhaltigen Speisen und Getränken zu gieren, nur weil sie eben gut schmecken. Der süße Geschmack hält nur wenige Minuten vor, richtet aber weitreichende Schäden an, die sehr ernst sein können.

Energieverlust über den Tastsinn

Nicht alles, was sich bei Berührung gut anfühlt, ist auch notwendigerweise vorteilhaft für uns. Auch hier gilt das Gesetz der Mäßigung. Ein Zuviel kann immer Probleme verursachen, aber auch ein Zuwenig. Wenn wir unseren Energiespiegel genau beobachten, können wir selbst bestimmen, wieviel wir ertragen können, bevor es zu viel wird, und mit wie wenig wir auskommen, ohne daß es für uns unangenehm wird.

Viele Leute können es zum Beispiel genießen, wenn sie massiert werden, aber wenn ihnen dieses Vergnügen zu oft zuteil wird, kann es zur Sucht werden und nicht nur Energie entziehen, sondern auch Zeit und Geld. Das gleiche gilt auch für körperliches Training; die richtige Menge vergrößert unsere Energie, wohingegen ein Zuviel Energieverlust bedeuten kann und zur sinnlosen Wiederholung wird.

Auch Sonnenbaden tut gut, kann aber bei zu häufigem und zu langem Genuß zu einem steilen Abfall der Energiekurve führen und zu völliger Trägheit und Ausgelaugtheit. Ähnlich entkräftigend wirken auch lange, heiße Bäder, obwohl sie anfangs sehr entspannen.

Liebe und Sex ist für den Menschen vielleicht die Aktivität, die ihn am stärksten energetisiert, kann aber bei zu häufiger Wiederholung auch die gegenteilige Wirkung haben und einen oder beide Partner völlig entkräften. Bei allem geht es darum, das richtige Gleichgewicht zwischen zu viel und zu wenig des Guten zu treffen. Dies sind nur ein paar Vorschläge, die durch persönliche Erfahrung anderer sicher ergänzt werden können.

Beloved Baba take my heart
And through it pour your love.
Beloved Baba fill my head
With wisdom from above.

Beloved Baba let my tongue
Speak only what you will.
Beloved Baba use my hands
Your wishes to fulfill.

Beloved Baba lead my feet
The dharmic path to tread.
And above all else, dear Baba,
Grant my will to yours be wed.

Geliebter Baba, nimm mein Herz
und gieß damit deine Liebe aus.
Geliebter Baba, füll meinen Kopf
mit Weisheit, die von oben kommt.

Geliebter Baba, laß meine Zunge
nach deinem Willen sprechen.
Geliebter Baba, meine Hände
sollen deinen Wünschen nur entsprechen.

Geliebter Baba, leite meine Füße
und laß sie den Weg des Dharma gehn.
Vor allem aber, lieber Baba,
laß meinen Willen mit dem deinigen verschmelzen.

Kapitel 13

Der Monkey Mind – Denken, Fühlen, Sprechen und Handeln

Sai Baba rät zur Wachsamkeit in folgendem:

W	Achte auf deine Worte
A	Achte auf deine Aktivitäten
T	Achte auf deine Gedanken
C	Achte auf deinen Charakter
H	Achte auf dein Herz

Der Mind sollte nicht nur Meister über die fünf Sinne sein, sondern auch über das Denken, Fühlen, Sprechen und Handeln. Sonst kann nämlich eine dieser Funktionen oder alle zusammen die Macht übernehmen und aus der Dienerrolle in die Herrenrolle schlüpfen. Wir können von unseren Gedanken, von unseren Gefühlen, unseren Worten oder Handlungen dominiert werden, wenn es diesen gelingt, uns ihrer Führung unterzuordnen.

Der Monkey Mind und das Denken

Wir alle haben schon die Erfahrung gemacht, daß wir von den Gedanken über eine bestimmte Sache geradezu heimgesucht wurden, ohne daß wir in der Lage waren, diese Flut in irgendeiner Weise zu stoppen. Schließlich sind wir dieser Situation so ausgeliefert – und die Gedanken beherrschen uns dermaßen –, daß wir uns völlig hilflos fühlen und uns nicht davon losmachen können. Wir alle haben schon den Ausspruch gehört: „Das geht mir einfach nicht aus dem Kopf, so sehr ich mich auch anstrenge, es macht mich noch verrückt." Wahrscheinlich befanden wir uns selbst schon einmal in dieser Lage. Eine solche Versklavung durch unsere eigenen Gedanken beraubt uns unserer Freiheit in derselben Weise wie ein reales Gefängnis aus Ziegel und Zement.

Gedanken haben die Tendenz, im Kopf zu kreisen wie ein Hamster im Käfig, einen Ausweg aus dieser mißlichen Lage scheint es nicht zu geben. Sie besitzen scheinbar Realität und Gültigkeit, und doch sind es nur Gedanken ohne jegliche greifbare Substanz; darüber hinaus repräsentieren sie ausnahmslos nur unsere eigene beschränkte Ansicht einer Sache, können also sehr leicht einem Irrtum unterliegen.

In früheren Zeiten glaubte man, daß die Erde flach sei, und daß jeder, der sich zu weit in eine Richtung vorwagte, mit großer Wahrscheinlichkeit über den Erdenrand in den Weltraum fallen würde. Als dann genauere Methoden entdeckt wurden, mit deren Hilfe die Form des Planeten bestimmt werden konnte, und sich herausstellte, daß er eher kugelförmig ist, hielten die Leute entgegen aller Beweise an der alten Überzeugung fest, ja diejenigen, die diese neue Vorstellung vertraten, wurden sogar verfolgt.

Viele Kriege sind schon aufgrund unterschiedlicher Glaubensbekenntnisse und Ideen ausgefochten worden, wobei beide Seiten gleichermaßen entschlossen waren, die Richtigkeit ihrer Ansicht unter Beweis zu stellen. Die jeweils andersdenkende Partei mußte notwendigerweise im Irrtum sein und deshalb bestraft oder ausgemerzt werden. Und in solchen engstirnigen Schemata denken nicht nur einzelne Gruppierungen oder Nationen. Sie existieren auch zwischen Einzelpersonen aller

Gesellschaftsschichten. Sie haben ihren Ursprung in dem irrigen und kurzsichtigen Bedürfnis, unter allen Umständen recht behalten zu müssen, sowie in der falschen Schlußfolgerung, daß jeder, der nicht derselben Meinung ist, notwendigerweise im Unrecht sein muß. Dabei wird vergessen, daß zu einer Sache durchaus verschiedene Ansichten möglich sind.

Die Weltgeschichte hat schon unzählige solcher Situationen gesehen, tragisch dabei ist, daß höchst selten nur eine Seite völlig im Recht oder im Unrecht war, da ja alles relativ ist. Niemand hat Zugang zur ganzen Wahrheit. Wir alle sind nur ein kleiner Teil des Ganzen, glauben aber egoistischer- und närrischerweise, daß wir im Besitz des Ganzen sind. Falls sich dann unser Ausschnitt der Wirklichkeit von dem eines andern unterscheidet, sind wir so sicher, das Gesamtbild zu sehen, daß wir glauben, die andere Person unterliege einem Irrtum.

Die Geschichte der drei blinden Männer, die einen Elefanten beschreiben sollten, veranschaulicht dies sehr schön. Alle drei traten sie an das Tier heran, und jeder legte seine Hand auf eine andere Stelle, um seine Gestalt zu bestimmen. Die Hand des einen berührte den Rüssel, und da er dachte, dies sei nun alles, sagte er, das Tier sei lang und röhrenförmig wie eine Schlange. Ein anderer legte die Hand an die Ohren und meinte, der Elefant sei flach und biegsam. Der Dritte schließlich berührte die Beine und erklärte, daß das Tier groß und rund und fest sei und einem Baumstumpf gliche. Wie man an dieser Geschichte leicht erkennt, gaben sie alle ihre eigenen individuellen Eindrücke ganz korrekt wieder, erkannten aber nicht, daß jeder nur einen Teil des ganzen Elefanten beschrieben hatte, der in Wirklichkeit noch viel größer war als die Summe dieser Teile.

Starke Glaubenssätze fallen ebenfalls unter diese Kategorie. Es gibt sicher Themen, zu denen wir eine sehr feste Meinung vertreten, ohne uns je zu vergewissern, ob wir das auch heute noch wirklich als wahr empfinden oder zumindest als vorteilhaft. Viele Konzepte waren zu einer bestimmten Zeit gültig und hilfreich, haben heute aber keine Relevanz mehr. Und doch halten wir daran fest, als ob sie eine Art Sicherheit gewährleisten, ähnlich einem Rettungsfloß in rauher See.

Wir müssen uns deshalb wieder und wieder die Frage stellen: „Glaube ich das wirklich, und ist es heute noch gültig? Hindert es mich an meinem Weiterkommen, oder verschafft es mir zusätzliche Handlungsfreiheit?" Wenn ein spezieller Glaubenssatz keine Gültigkeit mehr besitzt, sollte man ihn fallenlassen. Mit zunehmendem Wachstum und fortschreitender Reife werden viele wohlgehütete Meinungen obsolet und sind dann Hindernis statt Hilfe.

In dem Maße wie sich die Welt verändert, vor allem im Zuge neuer Entdeckungen, Erfindungen und Arbeitsmethoden, sollten auch die alten, überholten Konzepte fallengelassen und unser Monkey Mind daran gehindert werden, an ihnen festzuhalten. Indem wir uns von ihnen verabschieden, befreien wir uns auch aus ihrer Kontrolle. Sai Babas Vorschlag lautet dazu folgendermaßen: „Eure erste Pflicht ist es loszulassen. Laßt die Theorien los, die ihr hegt und pflegt, alle Doktrinen, die euch lieb und teuer sind, alle Wissenssysteme, die euer Gehirn verstopfen, die Vorlieben, die ihr angesammelt habt, die Jagd nach Ruhm, nach Reichtum, Gelehrsamkeit und Überlegenheit. Das alles ist materiell, objektiv. Wendet euch der objektiven Welt erst zu, nachdem ihr den *atman* erfahren habt. Dann werdet ihr erkennen, daß alles ein Spiel des *atman* ist."

Der Monkey Mind und die Gefühle

In ähnlicher Weise können wir auch von unseren Gefühlen beherrscht werden. Traurigkeit, Schuld, Sorge, Eifersucht, Neid, Wut und viele andere Emotionen können in einer Weise Macht über uns erlangen, daß wir uns hilflos ausgeliefert fühlen und nicht in der Lage sind, uns aus ihrem Griff zu befreien, indem wir sie einfach loslassen. Wir geben ein ähnliches Jammerbild ab wie der Affe, der seine Faust nicht aus der Flasche bekommt, obwohl er doch nur die Früchte oder Nüsse loslassen müßte, um sich aus seiner mißlichen Lage zu befreien. Genauso können wir aufhören, Sklaven unserer Gefühle zu sein.

Manchen Leuten scheint es eine Art Befriedigung zu verschaffen, ihre negativen Gefühle zu päppeln. Ungeachtet ihrer zerstörerischen Wirkung rufen diese Gefühle doch eine gewisse Erregung hervor und bieten eine willkommene Abwechslung zu Langeweile und Depression. Negative Gefühle wirken auch stimulierend auf die Adrenalindrüsen und lösen einen Energieschub aus, der wiederum körperliches Wohlgefühl verschafft und uns kurzzeitig aus Phasen der Langeweile und Depression befreien kann. Aber die Befriedigung währt nicht lange, und der Effekt kann mit dem sprichwörtlichen Stachel im Schwanz des Skorpions verglichen werden, der seinen eigenen Träger vergiftet, d. h. sich mit der eigenen Waffe verwundet oder, wie Shakespeare es nannte, „in die eigene Falle geht" (frei übersetzt).

Gefühle wie Wut, Groll, Neid, Eifersucht und die gesamte restliche Palette können uns dann völlig beherrschen, wenn wir sie über einen gewissen Punkt hinaus wachsen lassen, ohne vorher loszulassen. Wenn dieser Punkt einmal erreicht ist, geht es nicht mehr. Alle diese zerstörerischen Emotionen haben ihren Ursprung in verhinderter Wunscherfüllung. Jede einzelne müssen wir eigentlich zurückverfolgen zu dem Wunsch, der sie ausgelöst hat, und uns daran erinnern, daß wir von der Macht dieses Wunsches über unsere Gefühle befreit werden können – sofern es uns gelingt, ihn loszulassen, gemäß den Worten „Dein Wille geschehe, nicht der meine".

Hinter Aussprüchen wie „Alle andern haben dieses und jenes, warum also nicht auch ich?" oder „Niemand muß so hart arbeiten wie ich, andere haben es viel leichter im Leben", oder „Warum muß ausgerechnet ich das tun, wo es andere doch viel leichter haben?" versteckt sich reines Selbstmitleid. Auch Selbstmitleid kann solche Ausmaße annehmen, daß es unsere Gefühle beherrscht und wir uns seinem Einfluß irgendwann nicht mehr entziehen können.

Der Monkey Mind und unser Reden

Sai Baba weist darauf hin, daß die Zunge nicht eine, sondern zwei Funktionen wahrnimmt. Er sagt: „Während das Auge, das Ohr und die Nase uns über einen besonderen Teilaspekt der Wirklichkeit informieren, erfüllt die Zunge zwei Funktionen: Sie urteilt über den Geschmack und formt Worte und Silben zum Zweck der Kommunikation. Kontrolliert deshalb die Zunge mit doppelter Sorgfalt, denn sie kann euch in zweifacher Hinsicht schaden."

Oft reden wir so dahin, ohne uns darüber im klaren zu sein, was wir eigentlich sagen wollen und welche Wirkung dies auf unsere Zuhörer haben kann. Könnten wir immer daran denken, eine kleine Pause einzulegen, bevor wir wieder einmal eine Wortlawine loslassen, dann fiele es uns leichter, die Verbindung zwischen unserem Monkey Mind und unserer Sprache zu lösen.

Viele Menschen sprechen nicht etwa, um auf verbalem Weg Ideen, Entdeckungen, Wissen oder gar Tatsachen auszutauschen, sondern lediglich, um ihr Wissen zu demonstrieren und um sich und anderen zu beweisen, daß sie etwas besonderes und auf irgendeine Art besser sind. Indem sie sich fest an ihre eingebildete Bedeutung klammern und jedem, der es hören will, von ihrem hervorragenden Können erzählen, machen sie sich zu Gefangenen ihrer Bindung an die eigenen Worte.

In einer ähnlichen Situation befinden sich Menschen, die über ihre Heldentaten Lügen verbreiten oder maßlos übertreiben. Lügen bringen immer neue Lügen hervor, die bald zur zentnerschweren Last werden und uns unter sich begraben. Aus dieser Situation gibt es kein Entkommen, ehe wir nicht bereit sind, uns damit zu konfrontieren und uns nach Hilfe umzuschauen, damit wir die Minderwertigkeitsgefühle loswerden können, die uns dazu veranlaßt haben, unseren Eigenwert mit der lauthalsen Verkündigung echter oder eingebildeter Leistungen zu steigern.

Der Monkey Mind und unser Handeln

Der Monkey Mind beeinflußt unser Handeln sowohl im bewußten als auch im unbewußten Bereich. Ein sichtbares Beispiel für die Bindung des Monkey Mind an das Tun liefern Menschen, die unablässig in Aktion und anscheinend nicht in der Lage sind, eine Zeitlang zu entspannen und zur Ruhe zu kommen. Sie sind geradezu süchtig nach ununterbrochenen Aktivitäten und fühlen sich völlig unsicher, wenn sie ihren hektischen Tatendrang wegen einer Krankheit, einem Unfall oder aus anderen Gründen unterbrechen müssen.

Leicht kann man erkennen, daß eine Handlung, die wir nicht lassen können, uns all jene Aktivitäten ins Bewußtsein bringt, die uns so zur Notwendigkeit geworden sind, daß sie uns beherrschen und wir unser Tun nicht mehr in der Hand haben. Workaholics gehören in diese Kategorie, denn die Arbeit hat sie fest im Griff, und sie sitzen dadurch genauso in der Falle wie der Affe, der seinen Arm nicht mehr aus der Flasche ziehen kann. Aber wie jener Affe, so haben wir den Schlüssel zu unserem Gefängnis selbst in der Hand. Wir können loslassen, woran wir festhalten, anstatt uns darüber zu beklagen, daß wir hilflos gefangen sind – eine Situation, die nicht andere, sondern ausschließlich wir selbst herbeigeführt haben.

Was ist nun der Grund für solche Überaktivität? Für gewöhnlich vermeiden wir damit die Konfrontation mit uns selbst, wir vermeiden es, unsere Fehler anzuschauen und unser Leben besser in Ordnung zu bringen. Dadurch, daß ihre Wahrnehmung völlig in hektischen Aktivitäten befangen ist, bleibt vielen Menschen keine Zeit, über etwas anderes nachzudenken, auch nicht über sich selbst und das eigene Verhalten.

Eine einfache Formel hat sich als sehr hilfreich erwiesen, wenn es darum geht, den Monkey Mind dahingehend zu beeinflussen, daß er losläßt, was ihm über kurz oder lang zur Falle werden könnte. Man sollte sich, wenn man den Tag beginnt, daran erinnern, Sai Baba, der unsere wahre Identität repräsentiert, zu bitten, durch uns zu denken, durch uns zu fühlen, durch uns zu sprechen, durch uns zu handeln und vor allem durch uns zu lieben, und zwar den ganzen Tag über. Wenn wir diese Funktionen loslassen können, dann werden wir, ebenso wie Hanuman, zu Dienern von Rama, d. h. zu Dienern unseres wahren Selbst.

You are all my fingers and my thumbs
You are all my toes and my feet.
You are all my heart and my head
Through whom I'll perform many feats.

Relax and allow me to work
In any way that I will
To help all those who are sad
And many of those who are ill.

Be not afraid of my power.
It is always directed by me.
You will merely be my tool
From now to eternity.

Ihr seid meine Finger und meine Daumen,
ihr seid meine Zehen und meine Füße.
Ihr seid mein Herz und mein Kopf,
Alles, was ich tue, geschieht durch euch.

Entspannt euch und laßt mich arbeiten,
so wie ich das will,
um jenen zu helfen, die traurig sind
und vielen, die krank daniederliegen.

Fürchtet euch nicht vor meiner Kraft.
Ich habe sie fest in der Hand.
Ihr seid einfach nur meine Werkzeuge,
von jetzt bis in alle Ewigkeit.

Kapitel 14

Der Monkey Mind gibt dem Krug die Schuld

Sai Baba gibt uns folgende Warnung: „Den Mind als Affen zu bezeichnen und damit zu verdammen, wäre falsch. Er ist ein sehr feines Instrument, mit dessen Hilfe ihr die Befreiung erlangen oder in Unfreiheit verbleiben könnt." Er sagt weiter: „Der Affe, der seine geballte Faust nicht aus dem schmalen Hals des Kruges zu ziehen vermag, gibt dafür dem Krug oder dem Hersteller des Kruges die Schuld. Wenn er aber nur kurz die Erdnüsse loslassen würde, die er sich mit dieser Faust gegriffen hat, so könnte er seine Hand ganz leicht herausnehmen. Der Fehler liegt bei ihm. Niemand anderer schob seine Hand in den Krug oder zwang den Affen, nach den Nüssen zu greifen. Er ist ein Opfer seiner eigenen Gier."

Wir alle sind wie jener Affe, der dem unschuldigen Krug die Schuld für sein Unglück gibt, obwohl der Affe doch ganz allein dafür verantwortlich ist, daß er gefangen sitzt. Es ist so unendlich viel leichter und weniger bedrohlich, die Schuld für unsere Probleme auf andere zu schieben, wie zum Beispiel auf unsere Eltern und ihre Einflüsse, auf unsere Freunde oder Gegner, auf unsere Arbeit, unsere Vorgesetzten und Mitarbeiter, unsere Verwandten, unsere finanzielle Lage, die Umstände unserer Geburt und all die anderen tausend Haken, an denen wir die Schuld für unsere Probleme aufhängen.

Doch genau wie der Affe, so sind wir ganz allein verantwortlich für unsere gegenwärtige Situation, die eine Folge unserer Taten in vergangenen Leben oder unseres Handelns im jetzigen ist. Wir selbst haben uns die Falle gestellt, ob wir uns diese Tatsache nun eingestehen oder ob wir sie verleugnen. Das Gesetz von Ursache und Wirkung läßt keine Abweichungen oder Ausnahmen zu. Und wir sind es auch ganz alleine, die unser Entkommen aus dieser selbstgemachten Falle bewerkstelligen können. Anstatt die Schuld für unsere Leiden auf irgend etwas oder irgend jemanden zu schieben, sollten wir die Verantwortung für unser Handeln und für unsere Fehler übernehmen – für die vergangenen sowie für die gegenwärtigen – und endlich aufhören, uns selbst zu bemitleiden. Mit Sicherheit werden uns daraus weit größere Vorteile erwachsen.

Eine weiterer Trick, mit dem wir alle vermeiden, unser eigenes Leben in Ordnung zu bringen, besteht darin, daß wir unsere Fehler und Schwächen auf andere projizieren, indem wir sie eifrigst kritisieren und ihnen dabei genau jene Mängel anlasten, die wir selbst mit uns herumschleppen. Ich erinnere mich an eine Redeweise, die ich in meiner Kindheit oft hörte: „Wer im Glashaus sitzt, sollte nicht mit Steinen werfen." Wie so viele kernige Sprüche entzog sich auch dieser meinem damaligen Verständnis, und da ihn mir niemand erklärte, sank er in mein Unbewußtes und gesellte sich zu dem übrigen Vorrat an unverdauten und unverarbeiteten Weisheiten, nur um zur rechten Zeit wieder im Licht des Bewußtseins aufzutauchen. Heute ist mir die Bedeutung dieses Spruches klar: daß es nämlich viel leichter und angenehmer ist, über andere ein Urteil zu fällen, als Zeit und Anstrengung zu investieren, um die dunklen Flecken in sich selbst aufzuspüren und auszumerzen.

Ein anderes Zitat, das im Lichte der Unterweisungen Sai Babas für mich tiefere Bedeutung gewonnen hat, lautet: „Richtet nicht, auf daß ihr nicht gerichtet werdet. … Was siehst du aber den Splitter in deines Bruders Auge, und wirst nicht gewahr des Balkens in deinem Auge?“ (Matthäus 7,1 u. 3). Jeder, der Sai Baba in seinem Ashram besucht hat, kennt aus eigener Erfahrung jenes unangenehme Gefühl, das man hat, wenn man sich in einer Situation wiederfindet, die auf unheimliche Weise geradezu maßgeschneidert dafür scheint, alle jene negativen Reaktionen und Emotionen auf einmal wachzurütteln, die wir fein säuberlich versteckt glaubten, auch vor uns selbst!

Sai Baba hat einmal gesagt, daß er bestimmte Leute mit Bedacht dazu benutzt, anderen die Lektionen zu erteilen, die sie zu lernen haben. So erinnere ich mich zum Beispiel an eine Frau, die bei einem unserer ersten Besuche im Ashram war. Das Verhalten, das sie in Sai Babas Nähe zeigte, schockierte viele Devotees so sehr, daß wir uns fragten, warum ihr Sai Baba trotzdem weiterhin gewisse Privilegien gewährte. Es war für einige jüngere Leute sehr schwierig zu verstehen, warum ihr Sai Baba soviel Aufmerksamkeit zudachte, wogegen andere, die sich alle Mühe gaben, die Ashramregeln zu befolgen, während des *darshan* lange nicht so viel Aufmerksamkeit von ihm bekamen. Schließlich stellte einer der Mitglieder der Organisation Sai Baba die Frage, warum er das fragwürdige Verhalten dieser Frau einfach zu übersehen und zu dulden scheine, und schilderte die Wirkung dieser Situation auf diese jungen Leute. Sai Baba lächelte nur und nickte, als er dem Mann erklärte, daß er mit Hilfe dieser Frau all die verborgenen Eifersüchte und den versteckten Neid zutage fördern wolle, der in vielen Anhängern noch da sei, die sich solche Emotionen nicht eingestehen können. Er scheint uns damit zu demonstrieren, daß wir alle unsere Probleme haben; doch nur, wenn wir uns dessen bewußt sind, daß wir sie haben, können wir zu ihnen stehen und sie loslassen. Solange wir vorgeben, perfekt und ohne Fehler zu sein und unsere Defizite auf andere projizieren, indem wir genau die Probleme an ihnen kritisieren, die wir selbst haben, so lange müssen wir von außen auf unsere eigenen dunklen Flecken gestoßen werden, denn diese und nur diese können wir beseitigen.

Kapitel 15

Der Monkey Mind und der Ashramvirus

Jeder, der einmal nach Indien gereist ist, um Sai Baba zu besuchen, kennt die verschiedenen Infekte und Krankheiten, die an Orten mit so vielen Menschen auftreten. Sie dienen oft als Reinigungsmittel und beschleunigen den Abbau von negativem altem Karma.

Andererseits scheinen nur wenige einen anderen, wesentlich subtileren „Virus" zu kennen, der ebenfalls äußerst ansteckend ist. Es ist der „Ich-will-ein-Interview-Virus". Meinen Beobachtungen zufolge kann man die besten Absichten haben, dieser geistigen Anfechtung zu widerstehen, aber trotz aller Anstrengungen wird sich der Virus heimtückisch durch die Hintertür unserer Unaufmerksamkeit einschleichen, denn er verbreitet sich wie ein Flächenbrand in der Menge. In gewisser Weise funktioniert er wie eine Art Massenhypnose (oder -hysterie) und ist in seiner Wirkung genauso stark, denn seine Opfer haben seinem übermächtigen Ansturm nichts entgegenzusetzen. Meiner Schätzung nach bleibt man höchstens zwei Wochen von seinem Zugriff verschont. Doch wenn man die Leute um sich herum um ein Interview bitten und betteln hört, wenn sie jammern und fordern und klagen, dann ist es sehr schwierig, zentriert zu bleiben und sich daran zu erinnern, daß Sai Baba selbst der einzige ist, der wirklich weiß, wen er sehen sollte und wen nicht.

Viele Leute halten sich für etwas besonderes, wenn sie ein Interview haben. Sie argumentieren so: „Wenn Gott mit mir geredet hat, muß ich wohl okay sein." Ein

Interview dient auf diese Weise als Brief und Siegel der Anerkennung. Aber Sai Baba sagt, daß niemand etwas besonderes sei. Niemand ist besser oder schlechter. Alle sind in seinen Augen gleich.

Aufgrund meiner eigenen Erfahrungen bin ich der Überzeugung, daß er mindestens drei Anhaltspunkte zu haben scheint, anhand derer er die erhoffte Gunst gewährt:

1. Die Person benötigt dringend Sai Babas Energie, seine Aufmunterung und Heilung oder eine andere Art der Unterstützung. Wenn also Sai Baba jemanden nicht sehen will, kann das bedeuten, daß jene Person ihr Leben und ihre aktuellen Probleme selbst meistern kann und Sai Babas spezielle Hilfe nicht benötigt. Der Baba im eigenen Innern ist dann Hilfe genug.

2. Die Person kommt in ihrem täglichen Leben mit einer großen Anzahl von Menschen in Kontakt, und diese Position ermöglicht es ihr, Sai Babas Botschaft zu verbreiten. Ärzte, Lehrer und alle, die in der Öffentlichkeit stehen, gehören zu dieser Kategorie.

3. Sai Baba weiß von einer bestimmten Person mit einer bestimmten Fähigkeit und kann sie für seine Mission einsetzen. Er sieht das Potential dieser Person und ihre Bereitschaft, sich hinsichtlich dieses Zieles führen und leiten zu lassen.

Die meisten Menschen wollen etwas von Sai Baba und erwarten von ihm, daß er den Zauberstab schwingt und ein körperliches Gebrechen heilt, ihnen finanziellen Erfolg beschert, indem er ihnen eine Arbeit verschafft, die sie gerne tun, oder daß er den perfekten Partner in ihr Leben treten läßt und dazu noch sicherstellt, daß sie zusammen perfekte Kinder bekommen, daß er alle Projekte und Wünsche absegnet, die sie mit der Bitte um Erfüllung an ihn herantragen, und ihnen dafür genaue Anweisungen gibt, und daß er ihre Lieblingsvorstellungen gutheißt.

Sai Baba selbst sagt dazu jedoch: „Avatare geben selten direkte Ratschläge. Was sie kommunizieren wollen, das geben sie durch indirekte Andeutungen weiter und nur selten durch die direkte Methode der Unterweisung. Der Grund dafür ist der, daß jedes menschliche Wesen das Göttliche in sich trägt und dieses sich spontan manifestieren kann, wenn günstige Bedingungen geschaffen werden, ähnlich wie ein lebensstarkes Samenkorn keimen und aufgrund seiner innersten Natur zu einem Baum heranwachsen kann, sofern die passenden Voraussetzungen für die Manifestation seines Potentials gegeben sind. Ein Mensch sollte in die Lage versetzt werden, sich durch eigenes Bemühen zu korrigieren. Vorschläge, die im richtigen Maße und zur richtigen Zeit angebrachte werden, eigenen sich dabei besser als Anweisungen, die von außen auferlegt sind und Freiheit und Würde zunichte machen. Kurzum, will man Menschen in weltlichen oder in spirituellen Angelegenheiten helfen, so lautet die Devise: 'Hilf ihnen, sich selbst zu helfen', oder: 'Selbsthilfe ist die beste Hilfe'."

Manchmal erwartet jemand von Sai Baba lediglich, daß er Streicheleinheiten austeilt oder ihr gegenwärtiges Tun befürwortet und absegnet. Wenn Sai Baba eine solche Einstellung erahnt, äußert er oft ein bestätigendes „Ja, ja", denn er weiß, daß der Mind dieser Person auf ein spezifisches Ergebnis ausgerichtet ist und dieses ungeachtet seiner Reaktion unter allen Umständen anstreben wird. Leider sehen viele Leute darin eine Zustimmung Sai Babas und sagen dann: „Sai Baba hat mir gesagt, ich soll dies oder jenes tun" oder: „Er hat 'Ja' gesagt und seinen Segen dazu gegeben." In diesem Falle ist es aber immer gut, den Ablauf des Gesprächs genau zu betrachten und sich die Frage zu stellen: „Hat Sai Baba das Gespräch begonnen, oder waren seine Worte eine Reaktion auf einen vorgefertigten Plan, der von ihm nur bestätigt werden sollte?"

Wenn wir ihm keine Zügel anlegen, wird unser Monkey Mind nach allem greifen, was er will, ob es nun die Absegnung eines Projektes, die Bestätigung, daß wir die richtige Entscheidung getroffen haben oder ein Wunsch, den Sai Baba gutheißen soll. Aber wir vergessen gerne, daß er zu solchen Lebensfragen sehr selten Stellung nimmt. Sein Hauptanliegen ist unser spirituelles Wachstum. Sai Babas Mission ist es – daran erinnert er uns immer wieder – uns zu zeigen, wer wir wirklich sind, und nicht, uns in unserem egogeleiteten Tun, in unseren Wünschen und Plänen zu bestärken.

Das Wort *darshan* bedeutet soviel wie „ein völlig verwirklichtes Wesen zu treffen und die Energie zu empfangen, die es aussendet". Viele scheinen jedoch eher ein Interesse zu haben, von Sai Baba gesehen zu werden, und setzen alles daran, seine Aufmerksamkeit auf sich zu ziehen. Tatsächlich sieht er sie auch, aber nicht in einer Weise, die vordergründig erkennbar wäre. Sein Blick schweift über all die sehnsüchtigen Gesichter, die zu ihm aufschauen, und er bemerkt sofort jene, die etwas mehr persönliche Aufmerksamkeit benötigen – ein Blick, ein Lächeln oder ein Wort –, um ihr schwankendes Vertrauen wieder zu stützen. Seine Gesten haben jedoch das Ziel, die Wachheit einer Person und den Glauben an ihr eigenes inneres Selbst zu stärken und sie zu ermutigen, sich regelmäßig an dieses Selbst zu wenden und die Hilfe und Führung, die sie braucht, aus dieser Quelle zu schöpfen. Auf diese Weise bemüht er sich, uns abzunabeln von der Bindung an seine äußere Gestalt sowie an alle äußeren Formen. Wenn wir um seine Aufmerksamkeit betteln, oder sie sogar fordern, dann ist unser ganzen Wesen auf anmaßende und manchmal auch aggressive Weise nach außen orientiert. Sai Baba aber sagt uns, wir müssen empfänglich sein, um das aufnehmen zu können, was er uns zu geben hat. Wenn wir also immer versuchen, die Situation unter Kontrolle zu haben, dann sind wir nicht dafür offen, von ihm zu empfangen.

Beim Atmen wechseln wir zwischen Ein- und Ausatmen. Beim Beten ist es ähnlich: Wir dürfen um bestimmte Dinge bitten, müssen dann aber auch offen sein für die Antworten, die wir aufgrund unserer Bitten empfangen. Sai Baba sagt, daß Männer genauso wie Frauen feminin-rezeptiv werden sollen, um seine durchdringende maskuline Energie zu empfangen. Wenn wir also diese Energie im *darshan* einatmen können, während er sichtbar zwischen uns umhergeht, werden wir weit mehr von ihm empfangen, als wenn wir ständig fordern und dabei nie entspannt, offen und rezeptiv genug sind. Wenn wir seine Liebe einatmen und zugleich all unsere Probleme ausatmen – wie er uns das so oft empfohlen hat – werden wir das einatmen können, was er uns nach seinen Worten zu geben hat, nämlich Liebe. Das aber bedeutet auch, daß wir ihm erlauben, grundlegende Veränderungen in uns in Gang zu bringen, die eine notwendige Voraussetzung für unsere letztendliche Hingabe an unser eigenes Höheres Selbst darstellen. „Gib auf, vertraue und nimm an", lautet das Motto für spirituelles Gelingen.

Teil II

Wie der Monkey Mind zu zähmen ist

Kapitel 16

Praktische Spiritualität

Bisher haben wir unser Augenmerk auf den Monkey Mind und sein buntes Possenspiel gerichtet. In dem Maße jedoch, in dem wir ihn bemeistern und ihn davon abhalten können, unser Leben zu beherrschen, brauchen wir auch ein klares und einfaches Vorgehen, mit dessen Hilfe wir uns weiterhin gegen seine Herrschaft abschirmen.

Das Leben auf dieser Erde ändert sich in allen Bereichen bedeutend schneller und krasser als jemals zuvor in der uns bekannten Menschheitsgeschichte, so daß wir neue Verhaltensmaßstäbe brauchen, die speziell auf die heutige Zeit passen. Die alten können uns bei der Bewältigung unserer Gegenwartsprobleme nicht mehr helfen, denn sie wurden im Hinblick auf völlig andere historische Situationen formuliert.

Die sich rasant entwickelnde Drogenszene hat zwar im ganzen gesehen sehr negative Auswirkungen auf die Gesellschaft, aber zumindest einen positiven Aspekt. Sie ist ein so weitverbreitetes Problem und betrifft so viele junge Leute, die eines Tages in ihren Ländern auf allen möglichen Gebieten führende Positionen einnehmen werden, daß ihre Eltern und andere betroffene Erwachsene sich gezwungenermaßen eingestehen müssen, daß wir uns schon jetzt in einer Krise befinden und gangbare Lösungen unabdingbar sind.

Wenn wir uns genauer umschauen, Zeitungen und Zeitschriften lesen, Fernsehsendungen verfolgen, die Rundfunknachrichten hören oder zeitgenössische

Theaterstücke besuchen, werden wir auf erschreckende Weise gewahr, welches Ausmaß die Probleme nicht nur in diesem Land, sondern auf der ganzen Erde angenommen haben. Wir dürfen uns nicht länger nur auf unsere eigenen Probleme konzentrieren, denn wir werden mit globalen Schwierigkeiten geradezu bombardiert, Schwierigkeiten, die so weitläufig und so komplex sind, daß wir uns instinktiv abwenden und uns weigern wollen, eine solche Informationsmenge zu verarbeiten, geschweige denn, mögliche Lösungen zu finden.

Die Mehrheit der Bewohner dieses Planeten weiß, daß die gesamte Erde mit immer ernsteren Bedrohungen zu kämpfen hat, die selbst den Tapfersten und Optimistischsten unter uns den Mut nehmen. Weil diese Probleme alle untereinander zusammenhängen, können wir sie nicht in kleine handliche Teile zerlegen, die gewiß leichter zu bewältigen wären. Sie sind so unauflöslich ineinander verschlungen, daß wir den Weg nicht klar genug sehen, um auch nur einen kleinen Bruchteil angehen zu können.

Da sich in so kurzer Zeit so viel verändert hat und die Gesamtwirkung auf den Menschen so verwirrend ist, war bisher einfach nicht genug Zeit, neue Maßstäbe zu formulieren, die besser auf das heutige Leben passen. Wir brauchen dringend eine Marschroute, eine Planskizze, eine Landkarte, auf der die Schritte verzeichnet sind, die wir dann auch alle zu tun bereit sein müssen und die uns aus dem weltweiten Dilemma herausführen, das so plötzlich über uns gekommen ist. Und an diesem Punkt sind Sai Babas Unterweisungen sehr wertvoll, *sofern* wir sie anwenden, denn sie weisen diesen Weg auf eine so einfache Art, daß selbst ein Kind ihm folgen kann. Sai Baba selbst sagt, daß dies der Grund sei, warum er sich gerade zu diesem besonderen historischen Zeitpunkt inkarniert habe. Er steht damit in der Tradition anderer Avatare und Menschheitslehrer, die sich in der Vergangenheit an entscheidenden Wendepunkten der Geschichte in menschlicher Gestalt verkörperten. Sai Baba sagt, er sei gekommen, um Praktische Spiritualität zu lehren, eine Spiritualität, die uns die Antwort auf die von ihm oft gestellte Frage finden läßt: „Wer bist du?" – eine Frage, die in der Vergangenheit auch andere Lehrer ihren Schülern gestellt haben.

Er versichert uns, daß unsere wahre Natur ein Aspekt der Universellen Gotteskraft sei, die in allem Lebendigen am Werk ist. Er sagt auch, daß wir auf dieser Erde sind, um diese Tatsache akzeptieren zu lernen, damit wir uns lösen können von unserer gegenwärtigen Persönlichkeit und den trügerischen Symbolen unserer Sicherheit, die wir so sehr zu verehren gelernt haben, und um endlich als die göttlichen Wesen zu leben, die wir im Kern unseres Wesens tatsächlich sind.

Praktische Spiritualität heißt also, die mannigfaltigen Unterweisungen, die uns Sai Baba gegeben hat, in die Praxis unseres eigenen Lebens umzusetzen. Denn solange sie nicht jeden Tag gelebt werden, werden sie auch keine reale Bedeutung für uns haben, noch werden sie die erforderlichen Änderungen in unserem Verhalten bewirken. Wenn wir jemals hoffen wollen, unser Leben zu einem Beispiel für Sai Babas Botschaft zu machen, wie es sein eigenes Leben ist, müssen wir für diese Praktische Spiritualität auch real eintreten, anstatt nur intellektuelles Interesse dafür zu zeigen. Nur wenn wir dazu in der Lage sind, werden wir wie Hanuman zu Dienern von Rama, der Verkörperung unserer eigenen Wirklichkeit. Dann können wir auch zulassen, daß sich jener weise und liebevolle Kern durch jene äußere Schale ausdrückt, die aus dem Körper, dem Mind, dem

Ego und der Persönlichkeit sowie all den anderen Schichten besteht, die wir während unserer unzähligen Aufenthalte als menschliche Wesen in dieser Welt auf der Suche nach unserer Identität um uns angesammelt haben.

Sämtliche Programme, die Sai Baba uns geschenkt hat, die vielen treffenden Aussprüche, die er so geduldig wiederholt und die vielen herrlichen Lehrgeschichten, die er erzählt, sie alle sind dazu da, in uns das Wissen darum zu wecken, wer wir in Wahrheit sind, damit wir zulassen können, daß er und seine Lehre von uns gelebt werden. Auf diese Weise können auch andere durch uns lernen, wie sie sich aus der Versklavung durch die Sinne befreien können, die uns an unsere physische Form gefesselt sein lassen.

Zwei alte Redensarten, die ich unzählige Male in meiner Kindheit gehört habe, kommen mir in den Sinn: „Taten sind mehr als leere Worte" und „Praktiziere, was du predigst". So vielen von uns gelingt es nicht, das, was sie gelernt haben, auch in die Tat umzusetzen. Es bleibt in unseren Köpfen, ohne uns zu unserem letztendlichen Ziel zu verhelfen, nämlich der Vereinigung mit unserem wahren Selbst. Es ist absolut nutzlos, über Sai Babas Worte und Lehren nur nachzudenken. Wir werden dabei dieselben bleiben, und unser Verhalten wird sich nicht ändern. Genauso nutzlos ist es, nur von diesen Dingen zu sprechen, nur darüber zu lesen oder von ihnen zu hören. Damit Sai Babas Lehren zu einem Teil unseres Lebens werden, müssen wir sie in die Tat umsetzen. Nur dann werden sie für uns Früchte tragen. Also, anstatt nur darüber zu reden, wie spirituell man ist, laßt uns alle spirituell *sein* und praktizieren, was wir predigen; dies ist der einzige Weg, auch anderen Mut zu machen, dasselbe zu tun. Denn wir können anderen die spirituelle Praxis nicht abnehmen, genausowenig wie andere dies für uns tun können. Anders zu denken hieße, vor der unmittelbar anstehenden Aufgabe zu fliehen, und diese lautet, an uns selbst zu arbeiten und andere das Ihre tun zu lassen, sofern sie sich dafür entscheiden.

Uns allen ist jedoch das Geschenk des freien Willens oder der freien Wahl gegeben, wir müssen uns also selbst in die Pflicht nehmen, jede Einzelheit in unserem Leben in eine Linie mit Sai Babas Botschaft bringen und unser lächerliches kleines Ego und unseren Willen in das Joch (wie beim Yoga) seines Willen spannen, damit wir es auch wirklich meinen, wenn wir sagen: „Dein Wille geschehe, nicht der meine." Sai Baba sagt, jeder von uns sei ein Tempel, und deshalb steht es uns gut zu Gesicht, uns dementsprechend zu verhalten, nämlich unseren Tempel zu reinigen, damit er ein würdiger Wohnplatz ist für den Gott, der wir in Wahrheit sind.

Man braucht nur eine sehr kleine Menge Hefe, um beim Brotbacken eine große Teigmenge zum Gehen zu bringen. Eine ähnliche Wirkung könnte schon ein kleiner Kreis von engagierten Einzelpersonen auf die gegenwärtige Weltsituation haben. Dadurch, daß wir unser eigenes Bewußtsein auf eine höhere Ebene heben, könnte dies auch mit dem Gesamtzustand dieser Erde geschehen, was dann wiederum jedem zugute käme, der für persönliches Wachstum offen ist. Vielen erscheinen solche Ideen wie bloße Wunschphantasien. Jedoch ist die Lage in allen Ländern dieser Erde so dunkel und erschreckend – und sie verschlechtert sich von Tag zu Tag –, daß wir nichts zu verlieren haben. Es bedarf nur einiger weniger Arbeiter mit gutem Willen, um eine Veränderung herbeizuführen. Gibt es eine schönere Herausforderung für all jene, die sich der alarmierenden Anzeichen in ihrer Umgebung zunehmend bewußt werden?

Um jedoch zu den Pionieren dieses neuen Weges zu gehören, müssen wir zuerst unser eigenes Leben in Ordnung bringen. Eine leichte und äußerst praktische Art, dies zu erreichen, sind die einfachen und klaren Schritte, die uns Sai Baba mit nicht nachlassender Geduld aufzeigt. Und nicht nur seinen sogenannten Devotees, sondern jedem Menschen dieser Welt, der bereit ist zuzuhören.

Kapitel 17

Spiritualität in der täglichen Praxis

Wie ich schon früher erwähnte, sind uns unsere Gewohnheiten, unsere Verhaltensweisen, unsere Einstellungen und Unsicherheiten zum großen Teil nicht bewußt. Mit den Rollen, die wir spielen, und den Masken, hinter denen wir uns verstecken, vermeiden wir es, uns ehrlich ins Gesicht zu sehen und unsere Defizite zu erkennen. Aber viele sind sich nicht voll im klaren darüber, daß Unbewußtheit einer Sache gegenüber eigentlich bedeutet, absolut nichts darüber zu wissen oder sie auch nur wahrzunehmen. Es ist, als ob wir blind sind und uns selbst nicht klar erkennen können. Dies ist der Grund, warum es so viel leichter ist, Hinweise auf unsere eigenen Wesenszüge in anderen Menschen und ihrem Verhalten zu entdecken oder in den Gestalten, die in unseren Träumen erscheinen.

Wir können unsere Wirkung auf andere Menschen auch feststellen, wenn wir aufmerksamer werden und den Effekt unserer Worte, unseres Verhaltens, unserer Mimik und unserer allgemeinen Haltung auf alle Personen beobachten, mit denen wir näher in Kontakt kommen. Der beste Weg, ihre Reaktion auf uns herauszufinden, ist, in ihre Augen zu schauen und ihre Körpersprache zu studieren. Zucken sie zurück oder wenden sie sich ab oder schlagen sie die Augen nieder, wenn wir einen bestimmten Ton in unserer Stimme haben? Scheinen sie sich in sich zurückzuziehen, wenn wir zu einer Rede ansetzen, die vielleicht lediglich einen Versuch darstellt, auf Kosten anderer unser eigenes Selbstwertgefühl und Selbstvertrauen zu steigern? Drücken wir in Haltung und Stimme Herablassung aus, wenn wir uns mit Leuten unterhalten, die uns in irgendeiner Funktion dienstbar sind, etwa mit Kellnern oder Kellnerinnen, mit Verkäufern, mit Kassiererinnen im Supermarkt, mit Tankwarten, die unser Auto auftanken, mit Hausmeistern, Friseuren und all den anderen Menschen in Dienstleistungsberufen? In solchen Momenten hilft es, wenn man sich daran erinnert, daß uns Sai Baba gesagt hat, wir seien in seinen Augen alle gleich, denn er sieht nur den *atman*, unser wirkliches Selbst.

Wir müssen uns auch unserer Haltung denen gegenüber gewahr werden, die in unseren Augen wichtige Positionen einnehmen. Sind wir unterwürfig? Stimmen wir ihnen allzu beflissentlich zu, auch wenn wir nicht gutheißen, was sie sagen oder wie sie handeln? Machen wir uns lieb Kind bei denen, die nützlich für uns sein könnten, und ignorieren wir jene, die nicht in der Lage sind, uns einen Gefallen zu tun?

Wir alle leiden unter irgendeiner Art von Unsicherheit, weil uns beigebracht wurde, uns eher auf materielle Dinge und auf andere Leute zu verlassen, anstatt auf unser wahres Selbst. Wir alle drücken unsere Unsicherheit auf ganz verschiedene Weise aus. Am augenfälligsten ist die Neigung, uns in die Brust zu werfen, um unsere wichtige Stellung herauszukehren, was zumeist auf Kosten anderer geschieht. Was auch immer wir anderen zufügen, das fügen wir eigentlich uns selbst zu, denn im Ursprung sind wir alle eins. Später, wenn die Umstände danach sind, werden wir uns dann in einer Situation wiederfinden, in der das auf uns zurückfällt, was wir andern in der Vergangenheit angetan haben, sowohl die guten Taten und Worte als auch die negativen und herabwürdigenden.

Am Ende ist es also geradezu unsere Pflicht, das, was uns Sai Baba lehrt, auch zu praktizieren, indem wir unsere Gedanken, Gefühle, Worte und Taten im Umgang mit allen Menschen beobachten, mit denen wir täglich Kontakt haben. Vielleicht werden wir bestürzt sein über die negative Färbung, die unser Verhalten offenbart. Dann können wir Sai Baba bitten, uns zu helfen und durch uns zu denken, zu fühlen, zu sprechen und zu handeln – in Liebe!

Kapitel 18

Praktische Spiritualität im eigenen Heim

Bis jetzt haben wir uns mit dem Verhalten in der Öffentlichkeit beschäftigt. Aber auch wie wir uns gegenüber den Mitgliedern unserer eigenen Familie verhalten, verdient eine genauere Betrachtung. Oft können wir höflich, tolerant und mitfühlend gegenüber allen sein, die wir außerhalb unseres Hauses treffen, innerhalb unseres engsten Familienkreises aber unseren ganzen Zorn, unsere Feindseligkeit und Verbitterung abladen. Dies ist eine der hauptsächlichen Ursachen dafür, daß die Zahl geschlagener Ehefrauen und Kinder wächst.

Es ist ein bekannte Tatsache, daß viele Menschen, die wegen schweren Tätlichkeiten und Mißhandlungen vor Gericht stehen, von ihren Bekannten oft als sehr angenehme und rücksichtsvolle Personen beschrieben werden. Das mag für ihren Umgang mit anderen zutreffen. In vielen Fällen wollen diese Leute jedoch gar nicht so zuvorkommend sein, haben aber aus irgendwelchen Gründen Angst davor, dies zu zeigen. Also unterdrücken sie ihre Verbitterung, ihren Zorn und ihre Frustration vorübergehend, nur um sie bei der kleinsten Provokation auf ihre Kinder und Ehepartner abzuladen. Gegenüber Fremden und Bekannten zeigen sie ihre besten Manieren, aber zu Hause lassen sie ihre ganze Frustration heraus.

Praktische Spiritualität sollte im eigenen Heim beginnen. Wir können uns selbst überprüfen, indem wir uns einige sachliche Fragen stellen: Sind wir zu unseren Ehefrauen und -männern genauso höflich wie zu unseren Vorgesetzten und Mitarbeitern? Achten wir darauf, welche Wirkung unsere Stimme auf unsere Kinder hat? Loben wir sie jemals und schenken wir ihnen Vertrauen, wo dies gerechtfertigt ist, oder ist konstante Kritik, Sarkasmus und kleinkrämerische Mäkelei das einzige, was wir äußern? Erinnern wir uns ab und zu, unsere Liebe und unsere Gefühle auch auszudrücken, oder erwarten wir von denen, die mit uns die eigenen vier Wände teilen, daß sie unsere Gedanken lesen und in uns hineinschauen können, um zu wissen, was wir für sie empfinden?

Sai Baba sagt uns dazu, daß alles, was wir jeden Tag tun, ein Dienst an Gott sein sollte, daß wir nicht nur bestimmte Aktivitäten als spirituell etikettieren sollen und andere nicht, und daß wir uns nicht aus reinem Eigennutz auf die „spirituelleren" konzentrieren sollen, während wir die „weniger spirituellen" andern überlassen.

Er hat uns viele Übungen gegeben, die unsere Disziplin fördern, zum Beispiel Meditation, *japamala, bhajan*-Singen und so weiter; aber er warnt uns auch vor dem Glauben, daß uns eine dieser Aktivitäten der Erleuchtung näher bringe. In diesem dunklen Zeitalter, das im Sanskrit *kali yuga* genannt wird, kann nur *seva* (Dienst) an der Menschheit unser spirituelles Wachstum fördern, und dieser Dienst sollte zu Hause beginnen gegenüber den eigenen Familienmitgliedern, denn sie sind diejenigen, die uns am meisten lehren, und denen wir eher durch unser Vorbild als mit Worten etwas vermitteln können.

I am your raft on the ocean deep,
I am the eye of the storm.
I am the wind which will blow you clean,
I am you before you were born.

Cling to me as I am,
Question but do not doubt.
Trust my truth with all your might
Through storm or war or drought.

Rise to your toes and hold on to me.
Do not grovel on the ground.
Reach for the sun which is my power
And listen for my sound.

Hold on tight and never let go.
I am me but I'm also you.
Stretch to your utmost as you go
Forward to meet me-you.

Ich bin dein Floß auf dem Ozean,
ich bin das Auge des Sturms.
Ich bin der Wind, der dich durchbläst und reinigt,
ich war schon du vor deiner Geburt.

Halte dich an mich, so wie ich bin,
stelle alles in Frage, aber verlier' nicht den Glau-
ben.
Vertrau' meiner Wahrheit mit ganzer Kraft
in Sturm, in Kriegen und dürrer Zeit.

Stell' dich auf die Zehenspitzen und halt' dich an
mir,
kriech' nicht auf dem Boden herum.
Streck' dich nach der Sonne, in ihr ist meine Kraft,
und höre auf meine Klänge.

Halte fest zu mir, und laß nicht ab.
Ich bin ich, aber ich bin auch du.
Mach dich ganz groß, wenn du weiter gehst
auf dem Weg, auf dem du mich-dich triffst.

Kapitel 19

Man kann nicht immer ja sagen, aber...

Sai Baba ergänzt den obigen Ratschlag noch auf folgende Weise: „Wenn dich jemand beleidigt oder verleumdet oder ignoriert, dann akzeptiere das mit einem Lächeln. So ist die Welt nun einmal. Sie hat letztendlich sehr schlechte Manieren. Sag zu dir selbst: 'Diese Leute tun mir einen Gefallen, ich werde auf die Probe gestellt, ob ich stark genug bin. Ich darf jetzt nicht meinem Zorn oder meiner Verbitterung nachgeben.' Wenn du die Beleidigung nicht annimmst, die dir jemand zufügt, fällt sie auf die Person zurück, von der sie kommt. Ein Einschreibebrief, der nicht angenommen wird, geht zum Absender zurück. Also störe nicht den Frieden zwischen euch, indem du den Brief annimmst und seinen Inhalt liest. Verweigere die Annahme."

In seinem eigenen Tagesablauf setzt Sai Baba diese Unterweisung ständig in die Praxis um und gibt uns allen damit ein wunderbares Beispiel. Während eines einzigen Tages ist er mit vielen tausend Besuchern in Kontakt, die sich bei ihm aus aller Welt zusammenfinden, um seinen Segen zu empfangen, neue Energien zu schöpfen und daran erinnert zu werden, wer sie wirklich sind. Darüber hinaus empfängt er auf einer direkteren und persönlicheren Ebene eine beträchtliche Anzahl von Einzelpersonen und Gruppen, entweder in der kurzen Begegnung während des *darshan* oder in Gruppen- und Einzelinterviews.

Dieser tägliche Ablauf wiederholt sich Tag für Tag das ganze Jahr hindurch, und das schon seit über fünfzig

Jahren. Und trotz aller unterschiedlichen Reaktionen, die er in den Menschen auslöst, schwebt er förmlich durch diese Stunden, ohne jemals die Ruhe zu verlieren – nichts kann seine heitere Gelassenheit stören. Manche Leute sind sehr andächtig, andere wieder ängstlich, manche erhoffen sich ein Glückserlebnis, andere sind von Zweifeln geplagt und deprimiert, manche sind zurückhaltend, während andere sich in den Vordergrund drängen, manche sind glücklich und manche traurig. Wo er geht und steht, schlägt ihm tagtäglich ein ganzer Schwall unterschiedlichster Emotionen entgegen. Jeder von uns wäre damit völlig überfordert, er aber scheint unbeeinflußt davon zu bleiben. Manche ignoriert er, anderen lächelt er zu, den einen oder anderen spricht er an und winkt sanft zu denen hinüber, die durch die Absperrung brechen wollen, um ihm einen Brief zu überreichen oder seine Füße zu berühren. Selbst wenn er die Notwendigkeit sieht, jemand in die Schranken zu weisen, tut er dies mit einer Festigkeit, die vom nie versiegenden Strom seiner Liebe und seines Mitgefühls getragen ist.

Nein, er versucht keineswegs, es jedem recht zu machen, aber er spricht und handelt immer entgegenkommend und leitet uns an, unsere Worte und Handlungen nach seinem Vorbild auszurichten. Es ist jedoch nicht immer leicht, seinem Beispiel zu folgen. Wir sprechen und handeln so oft, ohne vorher innezuhalten und die Wirkung unserer Worte und Taten auf unser Gegenüber abzuwägen. Viele von uns haben ihr Reden und Tun ganz gut unter Kontrolle, wenn es um Personen geht, die sie bewundern und von denen sie bestätigt werden wollen oder gegenüber denen sie eine gewisse Achtung oder Angst spüren. Darüber hinaus sind wir versucht, es all denen recht machen zu wollen, die uns durch ihre Position einen Vorteil verschaffen können, oder dann besonders zuvorkommend zu sein, wenn wir wissen, daß wir beobachtet werden. In diesen Fällen handeln wir aus Eigennutz. Mit andern Worten: Wir sind nur zuvorkommend, wenn uns das einen Vorteil bringt. Aber wie steht es mit unseren Worten und Taten, wenn wir kein Publikum haben, das uns bewundert, oder wenn wir es mit Menschen zu tun haben, die wir für unwichtig und untergeordnet halten oder die wir nicht mögen? Und wie steht es mit den Mitgliedern unserer Familie?

Es gibt noch eine weitere häufige, aber ganz anders gelagerte Reaktion. Da sind nämlich auch diejenigen, die denken, sie müßten alles tun, um was man sie bittet oder was man von ihnen oder erwartet. Sie erfüllen oder fügen sich den Forderungen anderer, selbst wenn ihnen völlig klar ist, daß sie damit genau das Gegenteil von dem tun, was sie für richtig halten. Auch das ist nicht, was Sai Baba lehrt. Er sagt: „Du kannst nicht in allen Fällen entgegenkommend sein." Es gibt also Fälle, in denen Entgegenkommen nicht richtig ist. In solchen Fällen müssen wir stark genug sein und den nötigen Mut aufbringen, um dem Druck und der Überzeugungskraft all jener zu widerstehen, die uns zwingen wollen, gegen unsere eigenen Prinzipien zu handeln. Dies trifft vor allem auf Kinder und junge Menschen zu, die dem Druck Gleichaltriger ausgesetzt sind, wenn es um Drogenmißbrauch, Alkohol, Sex oder andere Dinge geht, Dinge, die die Meinungsführer ihre Bezugsgruppe ihnen gegen ihr eigenes besseres Wissen aufzwingen wollen.

Alles hängt von unserer Haltung ab. Können wir „Nein" sagen, ohne uns gleich darauf selbst zu erniedrigen, indem wir zu Kreuze kriechen und uns über alle Maßen entschuldigen? Oder können wir zu unserer Überzeugung stehen, daß unsere Ablehnung richtig war, ohne dabei beleidigend zu wirken und andere in eine Verteidigungshaltung zu zwingen? Es ist keine leichte Aufgabe. Doch in dem Maße, in dem wir uns unserer wahren Identität bewußter werden, wird in unseren Worten und Taten – wie bei Sai Baba – auch unsere Liebe mitschwingen. Dies wird alles, was wir sagen und tun, weicher machen, so daß es zuvorkommend und angenehm wirkt, auch wenn wir eine Ablehnung äußern müssen.

Mit Faszination habe ich beobachtet, daß ich jedesmal sehr nervös, ängstlich und sogar wütend reagiere, wenn ich zu etwas gezwungen werde, was ich nicht will, dem ich aber nicht genug Entschiedenheit entgegenzusetzen vermag. Dann sind meine Worte und Taten von diesen Gefühlen gefärbt und rufen auch bei anderen Personen negative Reaktionen hervor. Wenn ich jedoch in meinem Entschluß ruhig und fest bleiben kann, ohne emotionale Untertöne, dann akzeptiert mein Gegenüber zu meiner Überraschung und zu meiner Genugtuung meine Ablehnung ganz ruhig und ohne den sonst üblichen Gefühlsausbruch. Wenn ich dazu noch das Göttliche in seiner oder ihrer Persönlichkeit hinter der Maske der Selbstkontrolle zu visualisieren versuche und in dieses Ebenbild meiner eigenen Göttlichkeit Liebe hineinatme, dann wird diese Person oft weich wie ein kleines Kätzchen. Sai Baba erinnert uns daran, daß „Liebe auch das härteste Herz zu schmelzen vermag". Wir wissen, daß das stimmt, aber wir vergessen immer wieder, es auch in die Praxis umzusetzen.

Kapitel 20

Sei im Hier und Jetzt

Sai Baba sagt: „Die Vergangenheit kann man nicht zurückholen. Die Zukunft ist ungewiß. Der entscheidende Moment ist jetzt." Er weist auch darauf hin, daß ältere Menschen für gewöhnlich in die Vergangenheit zurückblicken und sich darüber beklagen, daß „die gute alte Zeit" vorbei sei, während der Blick junger Leute oft ganz auf die Zukunft fixiert ist. Aber er versichert uns auch, daß beides nicht weiterhilft, denn nur in der Gegenwart können wir unsere Zukunft gestalten.

Viele Menschen verbringen einen Großteil ihres Lebens damit, der Gegenwart zu entfliehen. Diese Flucht hat viele verschiedene Formen, aber welche Methode man auch wählt, immer behält der Monkey Mind dabei die Kontrolle über uns. Das bedeutet zugleich, daß der einzelne die Chance verpaßt, die ihm dieses gegenwärtige Leben bietet, nämlich vieles zu lernen, was wir nie zuvor gelernt haben. Sobald wir die Kontrolle über unser Leben an den Monkey Mind abtreten, nimmt er alles in die Hand und macht uns zu seinen Opfern.

Zugegebenermaßen kann das Leben in unserer Zeit oft als langweilig und öde, fade und eintönig, trist und deprimierend, rauh und schmerzlich bezeichnet werden, und was dergleichen Beschreibungen mehr sind. Aber wir sind selbst verantwortlich für diese unsere Einstellung dem Leben gegenüber. Es ist nicht, wie wir oft gerne denken, das Leben selbst und all seine Begleitumstände, Erfahrungen und Ereignisse, die über uns bestimmen. Wir alle besitzen ein gehöriges Maß an freiem Willen, den wir zu unserem Vorteil einsetzen können, wenn wir nur unsere Haltung ändern. Der alte Spruch „das Leben durch eine rosarote Brille sehen" hat immer noch seine Gültigkeit, aber nur, wenn man ihn richtig interpretiert. Es soll nicht bedeuten, daß wir uns unaufrichtig verhalten, und so tun, als ob unser Leben auf Rosen gebettet und alles in bester Ordnung sei.

Eine solche Lebenseinstellung kann dazu führen, gewisse Problembereiche näher in Augenschein zu nehmen, und uns zu einem Weg verhelfen, sie loszuwerden oder abzumildern oder dahingehend zu verändern, daß aus Passivposten Aktivposten werden. Darüber hinaus können wir uns fragen, was uns gerade diese Aspekte unseres Daseins lehren können. Ist es vielleicht Geduld, an der es fast jedem mangelt? Ist es Toleranz oder eine Philosophie des Leben-und-lebenlassen? Oder – noch wichtiger – könnten uns andere Menschen als Spiegel dienen, in dem wir einen Blick auf unsere eigenen Probleme erhaschen oder auf unsere Schwächen, die zu beheben gerade das gegenwärtige Leben eine Chance bietet? All dies und viele andere Argumente können uns darin unterstützen, unsere Einstellungen zu ändern, sei es nun schwierigen Beziehungen gegenüber oder einer schwachen Gesundheit, sei es zu Arbeitslosigkeit oder mangelnden finanziellen Mitteln – es gibt Dutzende sogenannter Probleme.

Probleme müssen gelöst werden. Wenn man das Leben mit einer Schule vergleicht, dann sind unsere Lebensumstände die Hausaufgaben, und sie werden sich als genau jene Werkzeuge erweisen, die uns das Weiterkommen von unserem jetzigen Stand in der Schule des Lebens in die nächsthöhere Klasse ermöglichen. Wir alle kennen die Erregung und das Gefühl von Erfüllung, wenn wir schließlich und endlich eine besonders unangenehme Aufgabe angehen, die wir bis dahin mit allen Mitteln gemieden haben. Dasselbe Erfolgsgefühl begleitet jeden Versuch, uns selbst die Flucht zu verwehren und stattdessen zu beginnen, in Situationen, die uns fordern, einen potentiellen Segen zu sehen. Nur so können wir unsere spirituellen Muskeln stählen.

Und wie sehen nun diese Hintertüren aus, durch die wir immer wieder entkommen, weil wir irrtümlich glauben, daß wir die Verantwortlichkeiten gar nicht haben, die wir zu meiden suchen? Viele Süchte zum Beispiel bieten uns eine Fluchtmöglichkeit aus der Gegenwart, vor allem jede Art von halluzinogenen Drogen. Die Zeit, die sie beanspruchen, ist für immer vertan, und wir sind unserem eigentlichen Ziel keinen Schritt näher gekommen. Es gibt noch andere, weniger greifbare Fluchtwege, die aber umso verführerischer sein können, als da sind Tagträume, Phantastereien und Wunschdenken – wir alle verlieren uns von Zeit zu Zeit darin. Werden sie jedoch zur Gewohnheit und nehmen einen zu großen Platz in unserem Leben ein, dann sind sie Dieben vergleichbar. Es ist ganz natürlich, Hoffnungen, Ziele und Träume zu haben. Nehmen sie aber so viel Zeit und Energie in Anspruch, daß für anstehende Aufgaben zu wenig übrig bleibt, werden sie zu Fluchtwegen aus dem Alltag. Wenn diese Fluchtwege darüber hinaus noch reine Hirngespinste bleiben und nie realisiert werden, was oft der Fall ist, dann sind sie unserem Wohlbefinden noch abträglicher.

In wesentlich größeren Dimensionen als unsere persönlichen Fantasien bewegen sich die Fantasien mancher Buchautoren, und sind deshalb auch bei weitem machtvoller. Noch machtvoller sind die Schöpfungen der Film- und Fernsehautoren. Die flimmernden Bilder dringen verführerisch in unsere Wohnzimmer und laden uns ein, in die Glanzrollen auf dem Bildschirm zu schlüpfen, anstatt unser eigenes Leben zu leben.

All diese Verlockungen lenken unsere Aufmerksamkeit vom eigenen Pfad ab, der mit seinen Herausforderungen und Lektionen auf uns wartet. Letztendlich betrügen sie uns um das, worauf wir von Geburt an ein Recht haben, nämlich um unseren einzigen legitimen Ausweg aus dem ewigen Kreislauf des Lebens und des Sterbens, ein Ausweg, der keine Flucht ist, sondern eine Reifeprüfung, denn er muß verdient werden. Wir können nur aus unseren *eigenen* Lebensumständen lernen und nicht aus denen anderer – ganz bestimmt nicht aus dem imaginären Leben fiktiver Charaktere.

Das Gegenmittel zu diesen Fluchtmethoden besteht darin, „die Präsenz zu praktizieren", wie es die frühen christlichen Schriftsteller ausdrückten. Da uns Sai Baba lehrt, daß diese Präsenz unser wahres Selbst ist, das in unsere äußere physische Form eingebettet ist, können wir alles, was wir tun, diesem unserem Selbst überlassen und Es darum bitten, daß Es durch uns lebt und uns auf unserem Weg führt. Dann können wir auch „Präsenz des Geistes" erlangen und vermehrt im „Hier und Jetzt" sein.

Außer meinem üblichen Morgenritual, bei dem ich Sai Baba jedesmal bitte, diesen Tag durch mich zu denken, zu fühlen, zu sprechen, zu handeln und zu lieben, gebe ich ihm sozusagen die Zügel in die Hand und spreche in Abständen auch während des Tages mit ihm. Wenn ich zum Beispiel auf der Autobahn fahre, und auf beiden Seiten Fahrzeuge an mir vorbeirattern und sich hinter mir stauen oder zu dicht auffahren, gebe ich die ganze Situation in Sai Babas Hände. Ich bitte ihn dann, anstelle meines persönlichen Selbst das Steuer zu übernehmen und die anderen Autos in sicherer Entfernung zu halten. Es ist erstaunlich, was sich dann oft in meinem Rückspiegel abspielt: Ein Auto, das unangenehm dicht hinter mir fährt, sieht aus, als ob es jeden Augenblick in mich hineinkrachen würde; dann sehe ich, wie es langsamer wird und allmählich auf Abstand geht und, welche Überraschung, von da an auch auf Abstand bleibt. Manchmal frage ich mich, was der Fahrer wohl über sein eigenes Verhalten denken mag.

Diesen Dialog setze ich fort bei allem, was ich tue – falls ich daran denke! Ich bitte Sai Baba, mir zu zeigen, welche Briefe ich beantworten soll; und wenn ich die Antwort niederschreibe, bitte ich ihn, durch mich zu schreiben. Wenn ich mit einer Person arbeite, die Probleme hat, und dabei die Beratungsmethode verwende, die ich gelernt habe, so bitte ich ihn, mir zu zeigen, was ich tun oder sagen soll oder welche Übungen ich vorschlagen soll, die der betreffenden Person am besten „helfen, sich selbst zu helfen". Das Erstaunliche ist, daß mir dabei oft eine Idee in den Sinn kommt, die mit absoluter Sicherheit nicht von mir persönlich stammen kann, die aber für diese Person zu diesem Zeitpunkt genau das richtige ist.

Wir alle müssen üben, im Hier und Jetzt zu sein. Um dies zu lernen, müssen wir den Monkey Mind ständig zurückholen von seinen Ausflügen in die Vergangenheit oder in die Zukunft. Es bedeutet auch, daß wir aufpassen müssen, nicht in Wunschdenken abzudriften oder in imaginäre Situationen zu fliehen oder zu all den anderen Orten, an die der Monkey Mind uns locken kann. Wenn es uns gelingt, mit dem Monkey Mind richtig umzugehen, werden wir für unsere Arbeit weit weniger Zeit brauchen, und wir werden sehen, daß wir eine Menge Zeit und Energie für kreative Dinge übrig haben – oder für Dinge, die noch mehr Spaß machen.

My heart leaps up when I behold
Your vibrant red-clad form
As you emerge into our view
To quell the gathering storm.

The world is in deep trouble,
No one knew quite what to do
Until you came to tell us
That the cure resides in you.

We have heard that many teachers
Have come at times like this
To show mankind how to achieve
A state of permanent bliss.

This time you come to teach us
Not to run away from life
But to seek God's strength within us
In the midst of all the strife.

You say we're not our bodies
But that deep within we'll find
A god-like aspect of ourselves
That's wise and strong and kind.

Mein Herz macht einen Sprung,
wenn ich dich sehe
in deiner leuchtend roten Gestalt,
wenn du dich langsam unsern Blicken näherst
und dann beruhigst den Sturm.

Die Welt ist tief in Pein,
und keiner wußte, was zu tun ist,
bis du kamst, um uns zu sagen,
daß die Heilung bei dir liegt.

Wir haben gehört, daß viele Lehrer
in Zeiten wie diesen gekommen sind,
um der Menschheit zu zeigen, wie sie
den Zustand fortwährender Gnade erreicht.

Diesmal bist du gekommen, und du lehrst uns,
nicht wegzurennen vor dem Leben,
sondern mitten in diesem ganzen Getümmel
die Kraft Gottes in uns selbst zu suchen.

Du sagst, daß wir nicht unsere Körper sind,
daß aber tief in uns ein Teil wohnt,
der Gott gleicht,
der weise ist und stark und freundlich.

And if we will remember,
As we start afresh each day,
Quite silently beneath our breath
A mantra we can say.

That will help us to be calmer
And we'll find that we can cope
As we turn our backs on worry
And replace our fears with hope.

What is this magic mantra
That such miracles can achieve?
„I am God and not the body.
This I verily do believe!"

Und wenn wir uns erinnern
bei jedem Start in jeden neuen Tag,
dann sagen wir ganz still,
im Rhythmus unseres Atems – ein Mantra,

das uns hilfreich ist beim Stillesein.
Wir werden dann entdecken,
daß wir vieles können,
wenn wir den Sorgen unsern Rücken kehren
und unsere Angst mit Hoffnung tauschen.

Wie lautet nun dies Zauberwort,
das solche Wunder zu vollbringen vermag?
„Ich bin Gott und nicht mein Körper.
Dies glaube ich wahrhaftig!"

Kapitel 21

Wie man den Monkey Mind unter Kontrolle bringt

Von Affen weiß man, daß sie liebend gerne essen und sich von grellbunten oder glitzernden Dingen faszinieren lassen. Ohne Zögern stehlen sie jeglichen Krimskrams, den sie sehen und den sie sich greifen können. Oft ist es uns oder anderen bei Aufenthalten in Indien passiert, daß wir Opfer ihres räuberischen Tuns wurden, wenn wir uns an Orten befanden, wo es viele Affen gab. Aus solchen Erfahrungen haben wir gelernt, nie Früchte oder Nüsse in der Nähe eines offenen Fensters stehen zu lassen, durch das sie in den Raum gelangen können, denn sie würden sich in wenigen Minuten damit vollstopfen und dann auf der Suche nach neuer Beute durch das Zimmer flitzen; dabei hinterlassen sie ein Chaos aus leeren Schalen, Rinden, Kernen und klebrigem Saft.

Dieselbe Vorsicht muß man mit Schmuck und bunten oder glänzenden Kettchen walten lassen, die unbeaufsichtigt in ihrer Reichweite liegen und auf die ihr ständig umherschweifender Blick fallen könnte. Denn sie zögern keine Sekunde, solche Beutestücke zu schnappen und an einen Ort zu verschleppen, an dem sie ihr Besitzer unmöglich wiederfinden kann.

Wenn wir ganz ehrlich sind, müssen wir zugeben, daß viele Menschen, darunter vielleicht auch wir, ähnliche Tendenzen zeigen, Erbanlagen vielleicht, die wir aus unserer evolutionären Vergangenheit aus dem Tierreich mitgebracht haben. Wir brauchen aber nicht auf dieser primitiven Bewußtseinsstufe stehenzubleiben.

Wir haben die Wahl, den evolutionären Schritt vom Tier zum Menschen und von einem menschlichen zu einem göttlichen Wesen zu tun, wobei das letztendliche Ziel die Erleuchtung oder Einswerdung mit dem Höheren Selbst ist. Eine wesentliche Voraussetzung, um dieses Ziel zu erreichen, ist die Kontrolle über den Monkey Mind, der uns an den Körper mit seinen Myriaden von Wünschen bindet und uns daran hindert, auch nur einen Schritt in Richtung unserer wirklichen Identität zu tun.

Sai Baba beschreibt die Funktion der physischen Form auf folgende Weise: „Der Körper ist mit seiner ganzen Ausstattung: den Sinnen, dem Intellekt, den Gefühlen und dem Gedächtnis, ein Instrument, ein Werkzeug, ein Wagen, den man zur Fortbewegung auf ein bestimmtes Ziel hin nutzt. Der Besitzer dieses Wagens ist jederzeit wichtiger als der Wagen selbst; um seinetwillen wird der Wagen immer sauber geputzt, repariert und am Laufen gehalten. Die Lebensdauer des Wagens aber liegt in den Händen dessen, der das Leben gegeben hat, nämlich des Schöpfers."

Wie können wir also den nie rastenden Mind unter Kontrolle bringen, läßt er sich doch so leicht von allem, was seine Aufmerksamkeit über die fünf Sinne erregt, vom Ziel abbringen? Wenn wir einmal erkannt haben, wie er hierhin und dahin flitzt, um sich zu greifen, was er sieht, hört, riecht oder ertastet, wie können wir ihn dann an die Kandare legen? Wie der Affe, dessen Faust in der Flasche gefangen ist, so denken auch wir, daß wir in der Falle sitzen und uns niemals befreien können. Aber das ist keineswegs der Fall. Sobald der Mind losläßt, was ihn gefangen hält, kann er die Herrschaft über die Sinne antreten, statt ihnen zu erlauben, ihn zu dominieren. Dann kann der Mind für seinen vorgesehenen Zweck eingesetzt werden: Er kann herausfinden, was zu tun ist, bevor der nächste Schritt gemacht werden kann, um schließlich ganz und gar Mensch zu werden.

Um aber den Erfolg bei diesem Unternehmen sicherzustellen, ist es absolut wichtig, sich der Hilfe und der Führung durch das Höhere Selbst – symbolisiert durch Rama – zu vergewissern und jeder seiner Anordnungen zu gehorchen, wie dies auch Hanuman tat. Um wiederum Sai Baba zu zitieren: „Hanuman gehorchte Rama vorbehaltlos und fraglos und hatte Erfolg. Er schaute nicht auf die Gefahren, die sein Handeln nach sich ziehen konnte, und er zögerte nie; er war auch nicht stolz auf seine Aufgabe und brüstete sich nie damit. Er hörte zu, er verstand, er gehorchte und er hatte Erfolg. Der Name Ramadutha, Botschafter und Diener Ramas, den er sich damit verdiente, machte ihn unsterblich. Ihr müßt euch den Namen Sai Rama Dutha verdienen. Zeigt Stärke und Selbstkontrolle; verwendet gute und sanfte Worte; prüft jede eurer Handlungen auf dem Prüfstein meiner Aussagen: Wird Swami das gutheißen? Es ist eine Lebensaufgabe, und ihr müßt fortwährend die Disziplin aufbringen und zur hell scheinenden Lampe werden, die anderen den Weg leuchtet." Nur so können wir uns von den selbstauferlegten Fesseln befreien, mit denen unsere Sinne den Mind versklavt halten und uns so die Möglichkeit der Selbstbefreiung nehmen.

Wenn wir uns regelmäßig nach innen wenden und um Hilfe bitten und dann auf die Weisungen von innen hören, können wir uns allmählich schützen vor dem überwältigenden Zugriff von *maya*, der Illusion, und in Freiheit zulassen, daß sich unser wirkliches Selbst durch uns ausdrückt, bis es schließlich und endlich die Oberhand gewinnt, und wir eins werden mit seinem Licht; dann sprechen wir von Erleuchtung.

Im Laufe der Traumarbeit, mit der ich mich lange Jahre beschäftigt habe, wurden mir verschiedene Methoden gezeigt, mit denen man den Monkey Mind unter Kontrolle bringen kann. Ich rufe mir für gewöhnlich den kleinen Affen in Erinnerung, den ich einst auf der Promenade von Monterey als Begleiter seines Herrn und Meisters, des Drehorgelspielers, sah. Dieses winzige, fast menschlich aussehende Tier war mit einem Miniaturjackett, weiten Hosen, einem langärmligen Hemd und einer leuchtend roten Weste bekleidet; als Krönung des ganzen trug er einen Fez auf dem Kopf, den ein Riemen unter seinem Kinn festhielt. Außerdem trug er ein kleines Geschirr, an dem eine Leine festgemacht war, die es seinem Herrn erlaubte, das Äffchen zurückzuholen, sobald es von seiner Neugier zu weit weggelockt wurde und es auch durch gutes Zureden nicht dazu zu bringen war, der Zuschauermenge seine Tricks zu zeigen. Diese Leine ist genau das, was wir alle für unseren Monkey Mind brauchen, damit er nicht zu weit abschweift und uns von dem abhängig macht, was er sieht, hört, riecht, schmeckt oder anfaßt und als Folge davon auch gerne haben möchte.

Eine weitere nützliche Methode, mit der man den Monkey Mind unter Kontrolle bringen kann, ist das Bild vom Hochseefischen. Wer einen Marlin oder einen anderen großen Kampffisch fangen will, schnallt sich fest in ein Geschirr, das am Fischerboot festgemacht ist. Es fixiert den Angler auf seinem Sitz und gleicht die ruckartigen Stöße aus, die der Fisch verursacht, wenn er am Haken hängt und so schnell wie möglich davonschwimmt, um nicht an der Angelschnur ins Boot gezogen zu werden. Wenn man dieses Bild gebraucht, um den Monkey Mind gleichsam an der Angel einzuziehen, kann man dabei auch seine Augen visualisieren, wie sie hierhin und dorthin streunen, immer auf der Suche nach einem Wunschobjekt, das ihm gefällt. Der Mind kann genau wie ein Fisch, der an der Angelleine hängt, mit viel Bedacht herangekurbelt werden. Auf diese Weise können wir allmählich die Kontrolle über den Monkey Mind wiedererlangen, was dann ganz natürlich auch zu einer Kontrolle der Sinneswahrnehmungen führen kann. Das Ergebnis wird sein, daß wir wieder unsere rechtmäßige Rolle als Herr über unsere Sinne und umgekehrt die Sinne ihre Rollen als nützliche Diener einnehmen, anstatt daß wir den Sinnen erlauben, die Rolle eines äußerst unzuverlässigen Herrn zu spielen, der uns zu seinem Diener macht.

Eine weitere Methode, den Monkey Mind unter Kontrolle zu bringen, besteht darin, in der Vorstellung ein Pferd zu reiten, das plötzlich von einem Gegenstand angelockt wird, der abseits des von uns eingeschlagenen Weges liegt. Geschieht dies in Wirklichkeit, dann pressen wir unsere Füße fest in die Steigbügel und dirigieren das Pferd mit den Zügeln, dabei wenden wir jeden Kniff an, den wir in der Reitstunde gelernt haben, um das Pferd unter unsere Gewalt zu bringen und es nicht dorthingehen zu lassen, wo es hin will. Auf ähnliche Weise kann man auch den Mind an die Zügel nehmen.

Eine andere einfache, kleine Übung, die bei der Bändigung des Mind hilfreich ist, nenne ich „das Maßband", eine ganz passende Beschreibung des Mind, der gewohnheitsmäßig alles mißt, womit er in Kontakt kommt. Um den Mind zu bändigen und unter unsere Kontrolle zu bekommen, visualisieren wir ein elastisches Maßband, das sich von selbst in ein Gehäuse aufrollt. Wir stellen uns vor, daß wir es gegen den Widerstand der Feder bis zum äußersten Punkt herausziehen. Damit haben wir ein Symbol für den Mind, der volle

Bewegungsfreiheit hat. Dann lassen wir das Maßband los, damit es wieder ins Gehäuse zurückschnappt, und legen es entschlossen auf die Seite, so daß es nicht mehr ungewollt herausgleiten kann. Sehr hilfreich ist es, für diese Übung ein solches Maßband zu kaufen und zur Erinnerung immer bei der Hand zu haben. Dies wird die Übung realistischer gestalten und wirkungsvoller machen.

Manch einer mag solch einfache Übungen als kindisch abtun und dabei vergessen, daß diese Dinge umso leichter zu praktizieren sind, je einfacher und anschaulicher die Anweisungen gehalten werden. Erwachsene können von Kindern viel lernen, denn diese nehmen solche Visualisierungsübungen schnell an. In ihrem kurzen Leben haben sie noch nicht viel Zeit gehabt, Gewohnheiten und Denkmuster zu entwickeln, die sie daran hindern, neuen Ideen zu folgen. Dies zweifellos meint auch die Bibel, wenn sie sagt: „Wahrlich, ich sage euch: wenn ihr nicht umkehret und werdet wie die Kinder, so werdet ihr nicht ins Himmelreich kommen." (Matthäus 18,3). Wir alle müssen wie die Kinder werden – jedoch nicht kindisch – und uns von unserem Höheren Selbst führen lassen, das jedem von uns den Zugang zum Himmelreich in unserem eigenen Innern eröffnet.

Kapitel 22

Tatsachen oder Traum – inspiriertes Wissen oder Gedanken?

Manche Gedanken enthalten ein Körnchen Wahrheit, das sich mit reiner Fiktion vermischt, was es am Ende leichter macht, zu glauben, diese Gedanken seien wahr und man könne auf sie bauen; dies macht die Unterscheidung zwischen Wahrheit und Fiktion jedoch schwieriger. Sai Baba sagt dazu: „Gedanken entstehen im Mind, drücken sich in Worten aus und verwirklichen sich durch Taten", was darauf schließen läßt, daß das Denken eine private, individuelle, persönliche Angelegenheit ist. Unser Mind ist fortwährend dabei, Gedanken zu kreieren sowie die unzähligen Gedankengebilde, die daraus entstehen – und dies ununterbrochen, jeden Tag. Was wir aber nicht sehen, ist, daß diese Gedanken unsere eigenen Schöpfungen sind, die aus unserer begrenzten persönlichen Erfahrung stammen, geprägt von unserem sozialen Hintergrund, von frühzeitigen Konditionierungen und unserer gegenwärtigen Situation. Diese Gedanken sind deshalb nicht unbedingt wahr, ja nicht einmal real. Und da es ja ganz allein unsere eigenen, rein persönlichen Kreationen sind, die lediglich unsere Version der Wahrheit und Wirklichkeit wiedergeben, sind sie für andere Menschen nicht immer anwendbar oder bedeutungsvoll, auch wenn wir versuchen, sie anderen aufzudrängen, als ob sie die unwiderlegbare Wahrheit für alle und jeden repräsentierten.

Jeder von uns lebt also mit diesem Monkey Mind, der den ganzen Tag dahinplappert und zu allem und jedem Thema unter der Sonne seinen Kommentar gibt und dabei geschäftig ein Netz aus Tatsachen und Fiktion spinnt. Leider reagieren wir in bezug auf die „Kinder unseres Gehirns", die wir mit unseren Gedanken kreieren, gerne wie jene Sorte von Eltern, die glaubt, ihre eigenen Kinder könnten nie etwas Schlimmes tun. Tatsächlich können Gedanken aber, obwohl sie eigentlich substanzlos sind, eine enorme Kontrolle über ihren Schöpfer ausüben. Oft hören wir die Leute sagen, daß bestimmte Gedanken ihnen ständig im Kopf kreisen, wie ein Hamster im Käfig. Die meisten von uns waren sicher mindestens einmal im Leben der Macht solcher obsessiver Gedanken hilflos ausgesetzt, ohne zu wissen, wie man sie abstellt.

Das Denken ist eine menschliche Fähigkeit, zu der auch die Vernunft gehört, die Vorstellungskraft, die Kreativität, die logische Kalkulation, die Fantasie etc. Aber es ist nur eine von vier Grundfunktionen des Geistes, die uns zur Verfügung stehen; die andern drei sind die Wahrnehmung, das Fühlen und die Intuition, alles Werkzeuge, die gleichberechtigt neben dem Denken stehen. Dieses hat sich im menschlichen Evolutionsprozeß zuletzt entwickelt, deshalb nimmt es im Urteil vieler Leute eine ungerechtfertigt wichtige Stellung ein, eine Stellung, die die anderen Funktionen zu seinen Gunsten verdrängte, was dazu führte, daß der Intellekt und die Denkfähigkeit viel mehr respektiert, ja oft sogar geradezu verehrt werden.

Es gibt aber einen riesigen Unterschied zwischen dem, was wir denken, und der Weisheit oder dem Wissen um die Wahrheit, das uns zuteil wird, wenn wir bereit sind, auf unser Höheres Selbst zu hören, und den umtriebigen Mind ruhen lassen. Wir glauben zwar zu wissen, was für uns gut oder schlecht ist, aber da wir unseren selbstkreierten Gedanken nicht trauen können, repräsentieren sie nicht unbedingt die Wahrheit und sind darüber hinaus unerwarteten Änderungen unterworfen. Wir alle haben die Erfahrung gemacht, daß wir eine Sache zunächst für gut und wünschenswert hielten, aber unsere Meinung änderten, als uns neue Fakten mitgeteilt wurden. Das Denken ist demzufolge nicht immer ein verläßlicher Indikator dafür, was richtig oder falsch ist. Es stattet uns lediglich mit einer Sichtweise aus, in die unsere persönlichen Vorlieben und Abneigungen einfließen. Diese sind wiederum von den Bindungen an bestimmte Objekte, Ideen, Meinungen, Glaubenssätze, an Aberglauben und die ganze Masse menschlicher Gedanken geprägt, die unsere Sinne dem Monkey Mind eingeredet haben.

Weil Gedanken nicht immer auf Wahrheit basieren, sondern ein Gebräu unserer ureigensten Machart darstellen – dabei oft die Gedanken anderer Leute sowie unsere eigenen Fantasien, Mißverständnisse, Ängste und viele andere mentale Ingredienzien enthalten –, sind sie keine zuverlässigen Führer, die uns zu einem glücklicheren, erfüllteren und produktiveren Leben verhelfen könnten. Wenn der Mind jedoch nicht vertrauenswürdig ist – und uns allen wurde beigebracht, ihm als Führer zu vertrauen –, wem oder was können wir uns anvertrauen, wer kann uns zeigen, was zu tun und zu lassen ist, damit wir ein erfolgreicheres Leben leben?

Der Intellekt, bzw. der gesamte Denkprozeß ist ein Teil der fehlbaren Körper-Mind-Ego-Persönlichkeit, die sich wie eine Scheide oder eine Hülle über das wahre Selbst stülpt. Er ist ein Werkzeug, das uns zusammen mit anderen Werkzeugen geschenkt wurde. Werden sie richtig und harmonisch eingesetzt, funktionieren sie ausgezeichnet, vor allem dann, wenn dies unter der Führung des Höheren Selbst und nicht des Monkey

Mind geschieht. Doch aufgrund unserer Erziehung glauben wir weiterhin, daß das, was wir denken, die absolute Wahrheit ist, solange uns nicht das Gegenteil bewiesen wird. Das läßt unser Vertrauen in uns selbst oft noch mehr schwinden und schwächt unsere Fähigkeit, erfolgreich zu leben. Wie also können wir unterscheiden zwischen einem Gedanken, der reine Einbildung sein kann, und der Wahrheit oder dem inspirierten Wissen – mit anderen Worten: zwischen unseren eigenen Gedanken und der inneren Führung durch das Höhere Selbst?

Inspiriertes Wissen oder Weisheit ist in allen Zeitaltern in mannigfacher Form in die Welt gekommen, je nachdem, was für eine Person oder Gruppe als Vermittler fungierte. Alle ursprünglichen Doktrinen der verschiedenen Religionen basieren auf empfangener oder inspirierter Wahrheit und nicht auf intellektuellen Konzepten. Diese Weisheit war lebenswichtig für die Menschen, denen sie damals mitgeteilt wurde, und sie war unmittelbar und perfekt auf sie zugeschnitten. Und diese Weisheit war noch nicht zu den spezifischen Glaubenssystemen erstarrt, die wir heute kennen, noch war sie mit den Gedanken unzähliger Menschen überkrustet, sie wurde direkt und persönlich empfangen, und nicht aus dem Erfahrungsschatz anderer Leute entlehnt.

Ein solches Wissen ist wie ein Fluß, der unvergiftet direkt aus der reinen Quelle in den Mind des Empfängers fließt. Alle alten Schriften und alle mündlich überlieferten Lehren der Völker dieser Welt enthielten ursprünglich dieses wahre und reine Wissen. Aber in dem Maße, wie die Priester und Ältesten verschiedene Teile änderten oder wegließen, um die Menschen mittels ihrer eigenen, irrigen Vorstellungen zu beherrschen, wurde die ursprüngliche Wahrheit verwässert, in manchen Fälllen sogar zerstört und ging verloren. Viel davon ist jedoch noch erhalten, es ist verborgen in Mythen, in Märchen, Ritualen und Mysterienspielen, in Legenden, Liedern, Kinderreimen und -spielen, ja sogar in Spielkarten wie dem Tarot. Diese alten Weisheiten mußten in den Untergrund gehen, damit sie vor der Zerstörung durch diejenigen bewahrt blieben, die ihre Vernichtung mit Macht betrieben, um dadurch ihre eigene Herrschaft über die Massen zu festigen. Oft wurden die alten Weisheiten in Form von Symbolen überliefert, deren Botschaft der Entzifferung bedurfte. So wurden sie sicher und unerkannt weitergereicht, bis sie jemand in die Hände fielen, der sie verstehen und anwenden konnte.

Sai Baba zitiert häufig in aller Ausführlichkeit aus den indischen Werken, in denen sich diese originale Wahrheit äußert, aus den Veden, der Bhagavadgita, dem Mahabharata und anderen Schriften. Er fordert uns auf, diese Unterweisungen zu studieren und aus ihnen die inspirierte Weisheit herauszulesen, um der Verbreitung scheinheiliger Glaubenssysteme entgegenzuwirken, die heutzutage in der ganzen Welt zirkulieren. Die Quelle wahren Wissens kann auch direkt angezapft werden, wenn wir unser Denken verlangsamen und die Führung des Höheren Selbst erbitten, das automatisch die Kontrolle des bewußten Mind umgeht und die negativen und trügerischen Gedankenformen ausschließt, die sich aus den unzähligen Gedanken zusammensetzen, die einzelne Menschen über viele Jahrhunderte produziert haben.

Sai Baba hat uns fünf Anhaltspunkte gegeben, mit deren Hilfe wir unsere eigenen Gedanken von den Anweisungen unterscheiden können, die wir vom Höheren Selbst empfangen haben. Sie können auch als Maßstab benutzt werden, an dem wir unsere Fortschritte ablesen, wenn wir unser Verhalten regelmäßig überprüfen und einschätzen wollen. Diese fünf Anhaltspunkte sind *satya, dharma, shanti, prema* und *ahimsa*.

Satya bedeutet Wahrheit. Wir müssen unseren Standort bezüglich dieser Kategorie bestimmen und dabei rückhaltlos ehrlich sein. Sind wir zum Beispiel am heutigen Tag im Umgang mit anderen total aufrichtig gewesen? Falls nicht, bei welchen Gelegenheiten sind wir von der Wahrheit abgewichen? Was waren die Gründe für unser Verhalten? Unter diese Rubrik fällt auch der ehrliche Umgang mit uns selbst. Bilden wir uns ein, perfekter als andere zu sein? Geben wir ein Ereignis oder eine Situation genau wieder, oder tendieren wir zu Übertreibung und Verschönerung, um die Beschreibung amüsanter oder interessanter für uns selbst und andere zu machen? Dies sind nur einige wenige Vorschläge, unsere eigene Aufrichtigkeit zu überprüfen. Um zu bestimmen, ob eine Botschaft aus der reinen Quelle der Wahrheit oder von unserem Ego stammt, können wir uns auch fragen, ob sie sich für uns echt oder falsch anfühlt. Viele sind sich jedoch noch unsicher, was solche Mitteilungen angeht, und brauchen eindeutigere Beweise ihrer Echtheit. Ich erinnere mich daran, als ich einmal darum bat, ein bestimmtes Zeichen übermittelt zu bekommen, das mir Sicherheit geben würde. Zu meiner Überraschung fühlte ich unmittelbar darauf etwas wie eine kalte Dusche mein Rückgrat hinunterfließen. Andere, die um solch ein Zeichen baten, berichteten, daß sie ein Kribbeln im Zentrum ihrer Stirn spürten, oder tausend feine Nadelstiche an einer Stelle ihres Körpers, daß sie eine Kribbelgefühl in ihrer Handfläche hatten oder an den Sohlen oder Füßen und dergleichen mehr. Man bittet also am besten um ein Zeichen, das angibt, ob die Botschaft aus dem wirklichen Selbst kommt und nicht aus dem Ego oder dem eigenen Wunschdenken.

Dharma wird für gewöhnlich mit „rechtem Handeln" übersetzt. Es beinhaltet aber mehr als das. Es ist das Handeln oder das Verhalten, das den unterschiedlichen Situationen, die uns im Leben begegnen, angemessen oder angepaßt ist. Die *dharmische* Art zu handeln oder zu leben kann für eine Person in einem bestimmten Stadium ihres Lebens eine ganz andere sein als für eine andere Person, deren Lebensumstände ganz anders gelagert sind. Auch dies ist ein Maßstab, mit dessen Hilfe wir überprüfen können, ob die Mitteilung paßt, die wir bei einer Befragung des Höheren Selbst empfangen.

Shanti bedeutet Friede, aber Sai Baba sagt: „*Shanti* ist nicht einfach nur Friede. Es geht über Frieden noch hinaus. Es ist die Ruhe des Geistes, die Gelassenheit des Geistes, die dich den inneren Frieden finden läßt und die absolute Stabilität in dir selbst. *Shanti* spielt im Leben einer jeden integrierten Persönlichkeit eine große Rolle." Und an anderer Stelle: „*Shanti* oder Friede ist der kostbarste Besitz eines Menschen. Es ist das Zeichen eines tugendhaften Charakters, die Bereitschaft zu dienen, die Bereitschaft zu verzichten, ein ruhiger Geist der Zurückgezogenheit, ein Wissen um die Vergänglichkeit materiellen Reichtums und um den kühlen, unbewegten See der Freude, der das Herz füllt."

Prema bedeutet Liebe. Nicht die menschliche Liebe, die Sai Baba als „contraction love", einschränkende Liebe, bezeichnet, weil sie die Menschen dazu bringt, sich ineinander zu verkrallen, sich zu ersticken und einander besitzen zu wollen; es ist Sai Babas Art zu lieben, „expansion love", bereichernde Liebe oder Liebe der Ausdehnung, die alle lebendigen Wesen umarmt. Er sagt dazu: „Den Eltern gegenüber stellt sich die

Liebe als Verehrung dar, Freunden gegenüber als Freundschaft; Leidenschaft ist sie, wenn sie auf einen Partner gerichtet ist, als Repekt äußert sie sich gegenüber Älteren, als Zuneigung gegenüber Kindern und als Hingabe, wenn sie auf Gott ausgerichtet ist."

Ahimsa „Gewaltlosigkeit", so sagt uns Sai Baba, kann am besten mit „Verehrung für alles Leben in Gedanken, Worten und Taten" beschrieben werden.

Und so faßt er alle fünf zusammen:

Satya ist die Natur des Menschen.
Dharma ist der praktische Vollzug.
Shanti oder Friede ist das Ergebnis von dharma, und
prema ist der strahlende Glanz von shanti.

Und weiter sagt er:

Wo Glaube ist, ist auch Liebe,
Wo Liebe ist, ist auch Friede,
Wo Friede ist, ist auch Wahrheit,
Wo Wahrheit ist, ist Gott.

Jeder von uns kann in das große Wissensreservoir eintauchen, das all jenen zugänglich ist, die unermüdlich nach der Wahrheit suchen. Unser direkter Kontakt mit diesem Wissen ist über den Funken Göttlichkeit gegeben, den ein jedes Lebewesen in sich trägt. Wir können uns darauf einstimmen, wenn wir echte Demut besitzen und uns eingestehen, daß wir nicht auf alles eine Antwort haben. Wir müssen uns auch eingestehen können, daß wir mit dem Ego allein den Herausforderungen, Chancen, Tragödien, Verlusten, Enttäuschungen und Frustrationen des Lebens nicht begegnen können, noch all die andern Fäden zu entwirren in der Lage sind, aus denen der Stoff des täglichen Lebens gesponnen ist. Erst dann können wir mit jenem Aspekt des Ganzen in Kontakt treten, den wir in uns tragen und von dem wir alle ein Teil sind.

Kapitel 23

Spiritueller Striptease

Bevor wir daran gehen können, Sai Babas Lehren zu unserer täglichen Praxis zu machen, müssen wir uns noch einiger Denkgewohnheiten entledigen, die uns daran hindern, auch nur einen Anfang in diese Richtung machen zu können. Da das Denken jeder Handlung vorausgeht, können wir unseren Gedanken auf die Spur kommen, indem wir unsere Handlungen beobachten. Dazu müssen wir uns fragen: „Woher kommen unsere Gedanken und wie bilden sie sich?"

Beobachtungen zeigen uns, daß Gedanken aus mehreren verschiedenen Quellen entspringen. Viele Gedankenmuster bringen wir aus vergangenen Leben mit. Wir absorbieren die Gedanken unserer Eltern und vor allem die der Mutter, solange wir noch in ihrem Leib sind. Von Geburt an und durch die ganze Kindheit hindurch beziehen wir sie aus den Energiefeldern, die von den Gedanken der Mitglieder unserer Familie gebildet werden; daraus entstehen dann die notwendigen Lektionen, die wir in unserem gegenwärtigen Leben zu lernen haben. Später werden unsere Gedanken geprägt von den Lehrern in der Schule, durch die Bücher, die wir lesen, die religiösen Riten und Unterweisungen, denen wir ausgesetzt sind, und von der politischen Einstellung unserer Eltern. Schließlich kommen Ideen dazu, die wir selbst uns aneignen, sowie aus vielen anderen Quellen, aus denen wir unser ganzes Leben lang schöpfen. Und so legt sich Schicht auf Schicht, und wir werden zugedeckt mit falschen oder geborgten Glaubenssätzen. Diese hindern uns daran, die eigene Wahrheit, die in uns verborgen liegt, auszudrücken oder auch nur zu entdecken, bis wir bewußt den Schritt machen und uns auf die Suche nach ihr begeben, indem wir allem angeeigneten Wissen den Rücken kehren und uns öffnen für die inspirierte Weisheit, die uns dann zur Verfügung steht. Doch bevor wir unseren Geist diesem wahren Wissen öffnen können, müssen wir die dicken Schichten von Halbwahrheiten abtragen, die sich um uns wie eine Brustwehr lagern und die Sicht auf das versperren, was wir wirklich sind. Die Voraussetzung dazu ist ein spiritueller Striptease.

In dieser ungesunden und verfahrenen Situation stellt sich noch ein weiteres Problem, das noch ernster ist. Alles, was auf dieser Welt je von menschlichen Wesen geschaffen wurde, entstand zuerst als Gedanke in einem Gehirn. Aus Gedanken entstehen sowohl greifbare Objekte als auch das, was sich auf anderen Ebenen manifestiert, sei es die physische, die mentale, die emotionale, die psychische oder die spirituelle. Wenn wir von einem bestimmten Konzept glauben, daß es auf Wahrheit basiert, dann stellen wir automatisch eine Verbindung her zu der universalen Gedankenform, die über viele Jahrhunderte um dieses Konzept herumgebaut wurde und die sich aus all den Gedanken zusammensetzt, die unzählige Individuen zu diesem Thema gedacht haben. So versteht man auch leicht, daß diese universalen Gedankenformen sehr, sehr mächtig geworden sind, denn mit jedem Gedankenbeitrag haben sie mehr und mehr Energie aufgenommen. Wenn unsere Gedanken auf der gleichen Wellenlänge sind wie die universalen, stellt sich automatisch eine Verbindung her. Doch da diese universalen Gedankenformen um vieles stärker sind als jede individuelle, werden wir von ihnen beeinflußt und schließlich beherrscht, und eine

Befreiung ist nicht mehr möglich, auch wenn wir dies wünschen. Wir sind dann Sklaven einer Macht, die weitaus stärker ist als unser eigener Wille. Diese Bedingungen liefern eine Erklärung für gewisse Süchte, in deren unauflöslichem Griff sich viele Menschen wiederfinden, ohne sich aus eigener Kraft daraus befreien zu können.

In dem Maße, in dem wir von diesen mächtigen Gedankenformen weiterhin beherrscht werden, tragen auch wir mit unseren eigenen Gedanken fortwährend zur Festigung ihrer Macht bei und werden deshalb mitschuldig, wenn sie andere Menschen dadurch noch stärker im Griff haben, die genau wie wir mit ihnen verbunden sind. Es ist ein wahrer Teufelskreis, den nur wenige durchschauen.

Wir als einzelne sind verantwortlich für die Wirkung, die unsere Gedanken nicht nur auf uns und unser Leben ausüben, sondern auf die ganze Welt, auf jedes Ding und jedes Lebewesen, das sie bewohnt und mit uns teilt. Viele Menschen schrecken jedoch davor zurück, Verantwortung für ihre Gedanken zu übernehmen, und schieben lieber den Verhältnissen, anderen Leuten, dem Schicksal und einem ganzen Sack voll anderer Gründe ihres Unglücklichseins die Schuld zu. Dabei vergessen sie, daß alles, was einem Menschen zustößt, keineswegs Zufall ist. Jeder von uns hat in seinem jetzigen wie auch in vergangenen Leben eine unendliche Zahl an Gedanken ins Universum hinausgeschickt, mit den dazugehörigen Gefühlen, die sie begleiteten – einige davon positiven, aber sehr viele auch negativen Inhalts. Aus eigener Kraft werden wir uns jedoch kaum befreien können, und nur mit Hilfe des Höheren Selbst, das mit unbegrenzten Kraftpotentialen verbunden ist, können wir hoffen, die Verbindung zu unterbrechen und unseren freien Willen wiederzuerlangen, der unser Geburtsrecht ist.

So haben die Anonymen Alkoholiker zum Beispiel viele Einzelpersonen erfolgreich aus der Sklaverei ihrer Alkoholsucht befreit, indem sie eine Höhere Macht um Hilfe anriefen. Aber nicht nur chemische Substanzen wie Alkohol und Drogen versklaven den Geist. Jede mächtige Gedankenform, die ein starker Glaube hervorbringt, dem viele Menschen anhängen, kann einen ähnlichen Effekt haben. Wenn ich das Höhere Selbst um Führung gebeten habe, dann standen seine Anweisungen oft in direktem Gegensatz zu meinen eigenen Überzeugungen, die sich aus vielen Quellen meines Lebens speisten. Auf diese Weise wurde mir beigebracht, daß ich zuallererst falsche Glaubenssätze korrigieren und durch höheres Wissen ersetzen müsse, das in einer besonderen Situation und zu einer bestimmten Zeit alleinige Gültigkeit hat. Diese Erfahrung liefert auch eine gute Erklärung für ein Phänomen, das mit Sai Baba zusammenhängt und schon viel Verwirrung gestiftet hat. Man weiß von ihm, daß er auf dieselbe Frage zweier Personen ganz verschiedene Antworten geben kann, ja daß er manchmal auf die gleiche Frage, die die gleiche Person zu einer anderen Gelegenheit stellt, eine andere Antwort gibt.

Sai Baba ist für uns das pefekte Beispiel für jemanden, der immer mit dem wahren Wissen verbunden ist und weiß, in welcher Weise es zur jeweiligen Situation paßt, der auch genau die Lebenseinstellung einer Person in dem Moment kennt, in dem er oder sie eine Anwort sucht. Wenn wir völlig hingegeben sind und offen für die richtige Antwort, dann werden wir sie auch bekommen; wenn wir jedoch weiterhin auf unseren eigenen Wünsche und Vorlieben bestehen, dann werden wir eine andere Antwort bekommen. Sai Baba sagt oft: „Ja, ja", und deutet damit nicht unbedingt seine Zustimmung an. Vielmehr sieht er genau, daß die jeweilige Person sowieso nur das tun wird, was sie will, und lediglich Sai Babas Bestätigung dafür sucht.

Sai Baba ist hier, um uns beizubringen, wie wir mit der absolut verläßlichen Führung in Verbindung treten können, die für jeden zugänglich ist, der willens ist, sich von allen alten, vertrauten, aber geborgten Glaubenssystemen zu lösen, um mit Geduld und Ausdauer auf die innere Suche zu gehen. Er ist in der Lage, diese Weisheit ad hoc hervorzubringen, denn er befindet sich im Fluß des Lebens und muß nicht, wie wir, eine Unmenge an Ererbtem loswerden. Er rät uns jedoch dringend, uns nicht allzusehr an seine Gestalt zu binden und ihm persönlich nicht jene Fragen zu stellen, die von unserer inneren Quelle beantwortet werden können und sollen. Nur wenn wir uns dieser inneren Weisheitsquelle anvertrauen, entwickeln wir Selbst-Vertrauen, Selbst-Wert und Selbst-Motivation.

Sai Baba erklärt, daß die uralten vedischen Gesänge aus Symbolworten komponiert seien, die mit Energie aus der ursprünglichen Quelle angereichert sind, aus der sie hervorgingen. Sie zu singen oder anderen beim Singen zuzuhören kann uns mit diesem fortwährenden Wahrheitsfluß in Verbindung bringen, sofern wir uns von allen Instanzen lösen, die unsere Gedanken organisieren und uns in einer festen Ordnung halten wollen, und sofern wir bereit sind, uns ganz neu auf eine Verbindung zu dieser Quelle einzulassen. Es erinnert mich an ein Fließband, das ganz bestimmte Wahrheiten befördert, die nur zu einer bestimmten Zeit geliefert werden. Erfinder, Komponisten und Künstler aller Couleur haben Zugang zu diesem Strom der Inspiration gefunden und gelernt, eine spezifische Erkenntnis manifest werden zu lassen, die zu einer ganz bestimmten Zeit zur Verfügung stand. Später fanden sie dann oft heraus, daß zur gleichen Zeit auch andere mit derselben Wahrheit in Kontakt getreten waren. Dieses Phänomen erklärt auch, warum ein Erfinder in einem Teil der Welt eine augenscheinlich neue Idee im festen Glauben hervorbringt, er stehe damit allein –, um dann zu erfahren, daß mehrere andere das gleiche „erfunden" oder entdeckt haben, jeder für sich und ohne von den anderen zu wissen. Offensichtlich standen sie alle in Verbindung zu dem, was zu jenem Zeitpunkt offenbart wurde, und machten es der ganzen Welt zugänglich. Denn alle Erkenntnisse müssen auf einer persönlichen und ganz konkreten Ebene hervorgebracht werden, um anwendbar zu sein.

Wie also fangen wir an, nach innen zu horchen auf die „stille kleine Stimme" des Höheren Selbst? Die Meister des Zen-Buddhismus sowie andere Lehrmeister in der ganzen Welt und in allen Jahrhunderten gaben ihren Schülern Übungen, die ihnen halfen, den Mind zu beruhigen, oder, wie sie sich oft ausdrückten, „eine Lücke zwischen zwei Gedanken zu schaffen". Die Zen-Meister gaben ihren Schülern auch oft ein *Koan* (ein Lehrrätsel), das den geschäftigen Mind ablenken sollte, indem es ihm eine Beschäftigung bot. Er sollte an einem Rätsel arbeiten, das keine rationale Lösung hatte und deshalb unlösbar war. Wenn dann der Mind am Ende völlig erschöpft und konfus seine Anstrengungen aufgab, konnte eine Erkenntnis oder eine Inspiration an die Oberfläche dringen, denn der Mind war nicht länger vom Getümmel der Gedanken blockiert, die ihn sonst völlig besetzt halten.

Es gibt noch viele andere Methoden, um die unablässige Aktivität des Mind zu stoppen, damit er sich der Weisheit des Höheren Selbst öffnen kann. Sai Baba bietet ein Rezept an, das den Mind zur Konzentration zwingt und ihn vor Dummheiten bewahrt. Er schlägt vor, daß wir immer einen der vielen Namen auf der Zunge haben, die sich auf Gott oder die universelle Lebenskraft beziehen. Er sagt dazu, daß, wenn der Mind von einer solchen Tätigkeit völlig in Anspruch genommen ist, die Inspiration aus dem wahren Selbst freie Bahn habe. Darüber hinaus bringt uns diese Methode dazu, daß wir uns immer mehr dem wahren Selbst anvertrauen und uns von falschen, fiktiven oder fehlerhaften Informationen abkehren.

Diese Methode erinnert mich an den kleinen Affen und seinen Herrn, den Drehorgelspieler. Solange das Äffchen hierhin und dorthin rennen und hüpfen durfte, geriet es in alle möglichen Schwierigkeiten. Aber als sein Herr es fest an der Leine hielt und ihm befahl, Hände zu schütteln oder seine Tricks zu zeigen, war sein Benehmen sehr ordentlich. Unser Mind, der in seinem Verhalten dem Affen so ähnlich ist, muß ebenfalls unter Kontrolle gehalten und produktiv beschäftigt werden, damit er uns mit seinem kontinuierlichen, sinnlosen Geplapper nicht völlig beherrscht.

Wenn mich jemand fragt, wie man mit dem Höheren Selbst in Kontakt kommt, dann denke ich immer daran, wie wir beim Autofahren die Gänge wechseln. Genauso einfach ist es, den Mind von seiner üblichen rastlosen Aktivität abzubringen und in einen empfänglicheren Zustand zu versetzen, in dem wir auf das horchen können, was durchkommt, wenn wir um innere Führung bitten.

Da Sai Baba für mich meine wahre Identität repräsentiert, versuche ich tagsüber daran zu denken, ihn wiederholt anzurufen, und richte meine Aufmerksamkeit auf seine menschliche Gestalt in Indien, aber auch auf sein Ebenbild in meinem Herzen. Je mehr wir uns erinnern, uns ihm auf diese Weise zuzuwenden, desto näher werden wir der Vereinigung mit dem kommen, was wir wirklich sind. Zu Anfang ist es leichter, in Dualitäten zu denken, so als ob das Höhere Selbst getrennt von uns sei. Bis wir uns dann der dicken Gedankenschichten entledigt haben, der Erinnerungen, des Aberglaubens, der Glaubenssätze, Gewohnheiten und all jener hochgetürmten Hindernisse, die unser wahres Selbst daran hindern, sich durch uns auszudrücken. Schließlich und endlich werden wir frei sein und unseren Willen mit seinem Willen vereinigen können und so zu einem ganzen Wesen werden.

Kapitel 24

Praktiziere auch, was du predigst

Sai Baba hat man öfter sagen hören, daß das hauptsächliche Anliegen bei der Anwendung seiner Lehre darin bestehe, daß Kopf, Herz und Hände miteinander in Harmonie gebracht werden, damit unser Denken, unser Fühlen und Handeln in jeder Situation eine Einheit bilden. Wie oft wird uns zu Bewußtsein gebracht, daß diese drei Funktionen miteinander in Konflikt liegen. Unser Kopf kann bis oben gefüllt sein mit Sai Babas Worten, die wir für wunderbar halten. Wenn wir jedoch unsere Gefühle überprüfen, entdecken wir vielleicht, daß sie nicht mit unseren Gedanken übereinstimmen, und wenn wir diese Untersuchung um einen Schritt erweitern, dann sind wir möglicherweise überrascht oder sogar entsetzt, daß wir ganz anders handeln, in manchen Fällen sogar entgegengesetzt zu unserer mentalen oder emotionalen Einstellung.

„Praktiziere auch, was du predigst" wurde uns beigebracht, und doch tun es so wenige von uns. Es ist so leicht, Sai Babas Worte zu zitieren, aber sie in die Praxis umzusetzen, fällt den meisten viel schwerer. Unser Leben ist so geschäftig, daß wir Sai Babas Lehren einfach vergessen, obwohl wir vom Kopf her wissen, daß man ihnen vertrauen kann und daß sie unbedenklich befolgt werden können. Aber dieses Wissen hat sich uns noch nicht stark genug mitgeteilt, als daß es die zahllosen Ablenkungen zu übertrumpfen und sich unserem Gedächtnis als Gewohnheit einzuprägen vermag. Viel praktische Übung, Geduld und Ausdauer sind nötig, bis wir wirklich das tun, worum uns Sai Baba bittet: unsere Gedanken, Worte, Gefühle und Taten in Übereinstimmung mit seiner Botschaft zu bringen.

Es scheint eine so schwierige Aufgabe zu sein, daß er uns verschiedene kleinere gegeben hat, um uns auf diese größere vorzubereiten, denn er weiß nur zu gut, daß wir erst kleine Schritte machen müssen, bevor wir zu größeren übergehen können. Wie Babys können auch wir nicht gehen, bevor wir das Krabbeln gelernt haben, so sehr wir das auch möchten und so sehr wir uns auch anstrengen.

Das bringt mich auf einen anderen wichtigen Punkt. Wir können keinen Schritt von einem Punkt aus machen, an dem wir gerne wären, sondern nur von da, wo wir tatsächlich stehen. Die Voraussetzung für jeglichen Fortschritt ist also unbedingte Ehrlichkeit, nicht um jemand anderen willen, sondern um unser selbst willen.

Wenn wir Sai Babas Unterweisungen hören oder lesen, dann identifizieren wir uns mit dem, was er sagt, aber im gleichen Moment versucht uns das Ego davon zu überzeugen, daß wir ja schon danach handeln. Sind wir aber ganz ehrlich zu uns selbst, dann müssen wir zugeben, daß dies ganz und gar nicht der Fall ist. Weil wir schon früh nach dem Konkurrenzprinzip erzogen wurden, sind wir so erfolgsorientiert, daß wir uns lieber vormachen, weiter zu sein, als wir tatsächlich sind. Keiner von uns möchte versagen.

Ein Mittel gegen diese Selbsttäuschung ist es, uns zu erinnern, daß die einzige Person auf dieser weiten Welt, mit der wir uns wirklich vergleichen können, wir selbst sind – so, wie wir eine Woche, einen Monat, ein Jahr zuvor oder noch früher waren. Wenn wir in dem Bereich, der uns am Herzen liegt, tatsächlich eine Verbesserung an uns feststellen, dann beweist uns das, daß wir Fortschritte machen und nicht stagnieren. Uns mit irgend jemand anderem zu vergleichen ist reine Dummheit, denn die Wege, die jeden von uns an diesen Ort und zu diesem Moment geführt haben, sind so verschieden wie die Lektionen, die zu lernen wir hier sind.

Die einzig vernünftige Haltung, die wir also einnehmen können, ist echte Aufrichtigkeit. Nur so können wir beurteilen, ob unsere Handlungen das wiederspiegeln, was wir denken, was wir sagen und was wir fühlen. Nur dann werden Kopf, Herz und Hände im Hinblick auf unser Ziel übereinstimmen.

Kapitel 25

Direkte Führung

Viele Leute fragen oft, wie sie mehr in direkten Kontakt mit ihrem wahren Selbst kommen können, um sich von ihm in ihrem alltäglichen Leben führen zu lassen. Und auch hier kann ich nur das mitteilen, was für mich funktioniert hat, in der Hoffnung, daß es auch für andere eine Hilfe sei. Einmal, als ich meditierte, empfing ich eine Formel, die sich aus vier Wörtern zusammensetzte. Sie umriß die notwendigen Schritte, mit denen man eine engere Identifikation mit dem *atman* oder Höheren Selbst erreicht. Dann wird Es quasi zum Puppenspieler, mit mir als Puppe. Die vier Worte waren: *Gehorsam, Geduld, Konzentration* und *Empfänglichkeit* bzw. die Offenheit des Geistes. Beim Nachdenken über diese vier Worte erkannte ich, wie perfekt sie die erforderlichen Qualitäten beinhalten, die wir zu unserer Entwicklung brauchen, bevor wir überhaupt erwarten können, in engeren Kontakt mit unserem wahren Selbst zu treten.

Wir alle führen ein so geschäftiges Leben und haben so wenig Zeit für regelmäßige Meditation oder stille Kontemplation. Es ist jedoch gar nicht nötig, bestimmte Zeiten von langer Dauer einzurichten, um den gewünschten inneren Kontakt herzustellen. Ich erinnere mich daran, wie ich Sai Baba fragte, ob ich ein Mantra zum Meditieren gebrauchen sollte und wenn ja, ob er mir eins geben würde. Seine Antwort war ein eindeutiges „Nein". Dann führte er dies aus, indem er behutsam erklärte, daß Meditation nicht von den alltäglichen Verrichtungen getrennt sein, sondern den ganzen Tag geschehen sollte. Auf diese Weise können wir allmählich lernen, jederzeit auf innere Anweisungen zu hören und nicht nur zu ganz bestimmten Zeiten. Und weiter schlug er vor, daß wir den natürlichen Vorgang der Atmung, der bei jedem Menschen Tag und Nacht abläuft, mit dieser neuen Art des Meditierens verbinden.

Dann demonstrierte er diese Übung, indem er beim Einatmen laut die Silbe *SO* summte, beim Ausatmen die Silbe *HAM*. Ich begann, es ihm nachzumachen, aber er stoppte mich schnell und ermahnte mich, ihm zuerst zuzuhören und dann still in meinem Kopf zu summen, ohne laut zu intonieren. Und wie sich seine Stimme in einem bestimmten Rhythmus hob und senkte, klang sie wie Wellen, die sich am Ufer brechen, und schien mich mit dem Pulsschlag des Universums zu verbinden.

Bei täglicher Übung wird diese Gewohnheit, still in sich hineinzuhören, allmählich das erwünsche Ergebnis bringen, nämlich mehr und mehr vom Inneren Mentor geführt zu werden, anstatt von äußeren Autoritäten. Hegen wir jedoch Schuldgefühle, falls wir dies einmal vergessen, so verschwenden wir bloß Zeit und Energie. Es ist besser, die Tatsache, daß wir es vergessen haben, einfach zu akzeptieren, und sofort mit der Übung weiterzumachen. Wir alle vergessen es manchmal, aber es ist weder notwendig noch besonders produktiv, über einen solchen Lapsus zu lamentieren.

Frühe christliche Heilige bezeichneten dieses tägliche In-sich-Hineinhören als „Übung in Präsenz". Wie immer die Symbole aussehen mögen, die das Höhere Selbst repräsentieren, das Ergebnis ist dasselbe, denn auf dieser Ebene ist alles eins. Manche wiederholen still den Namen des Symbols oder der Person, die sie sich als Repräsentant gewählt haben, und bleiben dadurch besser in Kontakt. Die Einzelheiten sind nicht wichtig, denn das Hauptziel ist, sich bewußt und wach unserer wahren Identität zu erinnern. Die vier Schlüsselwörter, die mir mitgeteilt wurden – Gehorsam, Geduld, Konzentration und Empfänglichkeit oder „Offenheit" – können bei dieser täglichen Praxis als Orientierung dienen.

Gehorsam ruft vielen von uns Momente der Kindheit ins Gedächtnis, in der unsere Eltern oder andere Autoritätsfiguren dieses Wort unzählige Male ausgesprochen haben. Wir erinnern uns vielleicht auch, daß wir manchesmal zu hart bestraft wurden, wenn wir ihre Regeln nicht befolgten. In diesem jetzigen Kontext aber wird Gehorsam nicht von einer äußeren Autorität gefordert, sondern von unserem eigenen Selbst, das am besten zu beurteilen vermag, was wir brauchen und was wir tun sollen. Etwaige rebellische Gefühle, die dieses Wort in uns wachruft, sind also gar nicht angebracht, denn wenn wir uns entscheiden, die Direktiven unseres Höheren Selbst zu befolgen, können wir uns entspannen und all die alten Gefühle von Unsicherheit, Unentschiedenheit, Rebellion und Schuld loslassen.

Geduld ist eine Eigenschaft, an der es den meisten von uns mangelt, vor allem in diesen Zeiten hektischer Aktivität. Diese Qualität wird auch untergraben durch die Forderung nach sofortiger Erfüllung unserer Wünsche, nach sofortiger Heilung und nach Sofortlösungen für unsere Probleme oder durch die sofortige Flucht vor der Auseinandersetzung mit diesen Problemen in alle möglichen Arten von Suchtverhalten. Aber eine richtige Zeiteinteilung ist von äußerster Wichtigkeit. Für alles gibt es eine richtige Zeit. Wenn wir versuchen, mit Wollen und Wünschen einen Prozeß zu beschleunigen und sofortige Ergebnisse zu erzwingen, werden wir unweigerlich einen Fehlschlag erleben. Wir entschließen uns vielleicht sogar, unsere tägliche

Praxis aufzugeben, weil wir keine greifbaren Ergebnisse sehen. Aber wir könnten uns gerade an dem Punkt befinden, an dem unsere Anstrengungen sichtbare Früchte zeigen würden, wenn wir sie geduldig fortsetzten.

Ich erinnere mich, daß Sai Baba diesen Punkt mit einer seiner kleinen Geschichten veranschaulichte. Er erzählte eine Begebenheit, bei der ein Mann von seinem Meister die Aufgabe bekam, gewisse Fähigkeiten zu entwickeln, an denen es ihm mangelte. Die Aufgabe bestand darin, einen riesigen Stein mit einem Hammer in zwei Teile zu spalten. Sai Baba beschrieb die Mühen, mit denen dieser Mann den Hammer schwang, zu Anfang noch begeistert, dann aber mit immer weniger Interesse, bis er schließlich verzweifelt seine Anstrengungen aufgab und damit alle Hoffnungen, jemals den mächtigen Stein zu spalten. Nach einiger Zeit kehrte der Meister zurück, um die Fortschritte des Mannes zu begutachten, und fand ihn untätig und deprimiert neben dem Stein sitzen, der immer noch ganz war. Der Meister nahm den Hammer und hieb den Stein mit einem kurzen Schlag zum großen Erstaunen des Mannes entzwei. Dann erklärte er ihm, daß er seinen Versuch, den Stein zu spalten, genau einen Hammerschlag vor dem Erfolg aufgegeben hatte.

Dann wandte sich Sai Baba der Gruppe zu, die bei jenem Interview um ihn war. Sanft, aber traurig erklärte er denen, die vor ihm versammelt waren, daß wir alle dem Mann in der Geschichte gleichen. Mit solcher Ungeduld wollen wir die Ergebnisse unserer Anstrengungen sehen, daß wir ein Projekt oft gerade dann aufgeben, wenn sich die Früchte unserer Mühen zeigen. Dumm wären wir, wenn wir es aufgäben, nach innerer Führung zu suchen, nur weil wir nach kurzer Zeit noch keine nennenswerten Erfolge sähen, wo doch, wie im Falle dieses Mannes so auch in unserer täglichen Praxis, schon der nächste Tag den erwünschten Kontakt und die erbetene Führung bringen könnte.

Auch *Konzentration* ist eine wesentliche Voraussetzung für den Erfolg. Unser Monkey Mind wird immer wieder versuchen, die tägliche Praxis der Meditation zu stören, indem er alle möglichen irrelevanten Ablenkungen ins Spiel bringt. Eine Methode, die ich vor vielen Jahren beim Besuch eines Meditationszentrums in Rangoon, Burma, unter der Anleitung des Mahasi Sayadaw, des Abtes, erlernte, hat sich zur Aufrechterhaltung der erforderlichen Konzentration als extrem hilfreich erwiesen. Bei dieser Meditationspraxis wechselte zwanzigminütiges Sitzen mit zwanzigminütigem Gehen ab, das auf besondere Art und sehr langsam vollzogen wurde. Während des Sitzens wurde uns empfohlen, unsere Aufmerksamkeit auf die Luft zu lenken, die durch unsere Nasenflügel ein- und wieder ausgeatmet wurde. Zu Beginn der Sitzung schweifte unsere Aufmerksamkeit oft ab, aber nach kurzer Zeit wurden die Pausen zwischen den Phasen der Ablenkung allmählich länger, was unsere Konzentrationsfähigkeit enorm steigerte. Während der Gehmeditation war unsere Aufmerksamkeit auf die äußerst langsame und überlegte Bewegung eine jeden Beines gerichtet: das Heben, das Ausschreiten und das sanfte Auftreten auf den Boden. Auch dies half enorm, die Aufmerksamkeit auf eine einzige Handlung zu fixieren.

Sai Baba schlägt die Verwendung einer Kerzenflamme vor, um eine ähnliche Verbesserung der Konzentrationsfähigkeit zu erreichen. Er vergleicht die Flamme mit dem göttlichen Funken, den wir alle in uns tragen. Er sagt, wenn wir es uns zur Gewohnheit machen, auf die Flamme zu meditieren, werden wir schließlich eins mit ihr werden.

Und zuletzt müssen wir *empfänglich* sein und *offen* für die Erkenntnisse, die von eben jenem göttlichen Funken in uns kommen. Wenn wir Widerstände gegen die Anweisungen dieser unsichtbaren Weisheitsquelle haben oder wenn wir an unserer eigenen Meinung, an unseren Ideen, Vorlieben oder anderen Barrieren gegenüber frischen Eingebungen festhalten, dann werden wir den direkten Kontakt mit dem göttlichen Funken verhindern.

Wir müssen die Haltung des „Dein Wille geschehe, nicht der meine" entwickeln und lernen, allmählich unser gesamtes Wünschen aufzugeben und stattdessen zu vertrauen, daß uns gegeben wird, was unser Wachstum am meisten fördert, und uns weit genug dafür öffnen, daß wir alles akzeptieren, was uns auf unserem Pfad begegnet, ob wir es gutheißen oder nicht. Die Erfahrungen vieler Menschen haben gezeigt, daß wir aus allem lernen können, was uns geschieht, und von jedem, der in unser Leben tritt. Aber dies trifft nur dann zu, wenn wir darum bitten, daß uns gezeigt wird, welche Lektionen sie uns lehren, und die unmittelbar anstehenden Aufgaben angehen, anstatt uns über die Härte dieser Lektionen zu beklagen. Die Aufgabe besteht darin, das Wissen und die Erfahrungen anzuwenden, die wir auf praktische Weise in unserem eigenen Leben machen.

Indem wir unseren Geist so weit wie möglich für alles Neue öffnen – nicht nur für neue Alltagserfahrungen, sondern vor allem für die Eingebungen unseres Höheren Selbst – werden wir unser Ziel – Ganzheit und Ausgeglichenheit – beschleunigt ansteuern. Schlußendlich wird aus dem Göttlichen Marionettenspieler und uns, der Marionette, eine Einheit werden.

I am yours,
You are mine,
You are a tendril
I am the vine.

I am the parent,
You are the child
Sometimes obedient
But often wild.

I am the sun,
You are a ray
Hidden at night,
Effulgent by day.

I am the ocean,
You are a fish,
Out of my vastness
I grant what you wish.

I am in everything
And in each one of you.
In some I am visible
Though in only a few.

In many I'm hidden,
Deep down out of sight,
Until it is time
For my spark to ignite.

Ich bin dein,
du bist mein,
du bist die Rebe,
ich bin der Wein.

Ich bin der Vater,
du bist das Kind,
manchmal gehorsam,
aber oft sehr wild.

Ich bin die Sonne,
du bist ein Strahl,
unsichtbar in der Nacht,
strahlend bei Tag.

Ich bin der Ozean,
du bist ein Fisch,
aus meiner Fülle
nähre ich dich.

Ich bin in allem
und in jedem von euch.
In manchen bin ich sichtbar,
aber nur in ein paar.

In vielen bin ich verborgen,
tief unten und ungesehn,
wenn die Zeit reif ist,
wird mein Funke aufgehen.

So blow in the ember
Which waits in your heart,
And I give you my promise
That I'll do my part.

You will find the whole world
Will come to your aid
If you work very hard
'Till your karma is paid.

Since I am in all things
Why do you still doubt?
Since I exist everywhere
You can't shut me out.

So choose to take hold
Of this wonderful chance
To join with me
In the cosmic dance,

When each of you grasps
My myriad hands,
Not just in India
But in all other lands.

As I am the Avatar
Of the whole world scene,
Wake up to reality
And out of your dream.

So blas' in die Glut,
die in deinem Herzen schlummert,
und ich verspreche dir,
daß ich das meinige tun werde.

Bald wirst du sehen,
daß die ganze Welt dir zur Seite steht,
wenn du hart daran arbeitest,
daß dein Karma vergeht.

Wie kannst du noch zweifeln,
da ich doch in allen Dingen bin?
Du kannst mich nicht ausschließen,
denn ich existiere überall.

Entscheide dich also
und ergreif diese Chance
und schließ dich mir an
im kosmischen Tanz.

Wenn jeder von euch
nach meinen tausend Händen greift,
nicht nur in Indien,
sondern auf der ganzen Welt.

Denn ich bin der Avatar
der gesamten Weltszene,
drum wacht auf aus eurem Traum
und erkennt, wer ihr wirklich seid.

Kapitel 26

Liebe meine Unsicherheit

Es ist meine Wahrnehmung – und ich habe die persönlichen Lebensgeschichten vieler Menschen gehört –, daß dem Großteil der Probleme, unter denen wir leiden, Unsicherheit zugrunde liegt. Dagegen müssen wir also ein Rezept finden, wenn wir die Hoffnung behalten wollen, Praktische Spiritualität zu unserer Lebensweise machen zu können.

Diese weitverbreitete Unsicherheit ist verständlich, wenn wir uns die mannigfachen Symbole erhoffter Sicherheit anschauen, nach der die Menschen streben, und von denen keines dauerhaft ist und deshalb auch keine permanente Sicherheit garantieren kann. Je mehr sich die Menschen bemühen, ein gewisses Maß an ersehnter Sicherheit zu erlangen, desto weiter entzieht sie sich, einem Irrlicht gleich, und ist schließlich für immer unerreichbar.

Jeder drückt seine Unsicherheit auf verschiedene Weise aus, je nach den Bedürfnissen, die der einzelne zu haben glaubt. Manche denken, sie werden sich sicher fühlen, wenn sie endlich den perfekten Partner gefunden haben, manche wiederum konzentrieren sich auf eine sichere berufliche Stellung, anderen verschafft eine bestimmte Geldmenge die Sicherheit, die sie suchen. Wieder andere glauben, daß sie ihr Ziel in dem Moment erreicht haben, in dem sie das Diplom einer angesehenen Universität in der Tasche haben, oder wenn sie sich in ihrer Firma einen einflußreichen Posten ergattert haben oder in der Gemeinde, in der sie leben. So viele Menschen versuchen verzweifelt jenen magischen und mystischen Zustand zu erreichen, in dem sie sich sicher und geborgen fühlen.

Unser Erbe, unsere Erziehung, die Meinungen und Wertvorstellungen, von denen wir umgeben sind, alle führen sie uns ein spezifisches Allheilmittel gegen diese chronische Krankheit vor Augen. Die Medien hämmern uns ein, daß wir uns zufrieden und erfüllt fühlen werden, wenn wir ein bestimmtes Produkt kaufen oder ein besonderes Ziel erreicht haben, aber das Gegenteil ist unvermeidlich der Fall, und wir sind gezwungen, die Suche nach jenem illusionären Zustand vollkommener Sicherheit noch fieberhafter fortzusetzen.

Je länger diese Situation andauert, desto mehr Menschen zeigen in ihrem Verhalten Zeichen der Unsicherheit, sowohl bewußt wie auch unbewußt. Ihre Haltung resultiert aus dem Wunsch, andere, vor allem aber sich selbst, von ihrem eigenen Wert zu überzeugen, von ihren Fähigkeiten, ihrem Wissen, ihrer Bedeutung und Attraktivität oder was auch immer sie für einen überzeugenden Beweis ihrer Überlegenheit halten. Oft bedeutet diese Haltung, daß sie zuviel protestieren – sie spielen die Rolle des absolut Selbstsicheren, eine Haltung, die in Wirklichkeit nichts weiter als eine Maske darstellt, die ihren Selbstzweifel überdecken soll. Manche Leute verlegen sich auf die schreckliche Angewohnheit, andere zu kritisieren, um ihre eigene Wichtigkeit, ihre Fähigkeiten, ihre Brillanz oder andere Attribute herauszustellen, die ihr Gegenüber beeindrucken und sie selbst von ihrer eigenen Überlegenheit überzeugen sollen. Wieder andere legen ihren Mangel an Selbstvertrauen und Selbstwertgefühl offen zutage und erschleichen sich damit Bestätigung durch andere, da sie selbst kein Vertrauen in ihren eigenen Wert aufbringen können. Andere tun sich mit Leuten zusammen, die sie irgendwie für wichtig halten, und glauben fälschlicherweise, das dies auf sie abfärben würde; dies verschafft ihnen ein Gefühl geborgter Sicherheit. Es sind Kletten, die sich an berühmte Leute hängen in der Hoffnung, in ihrem Fahrwasser zu Ruhm und Geld zu kommen. Und dies sind nur einige wenige Beispiele dafür, wie sich die Menschen selbst betrügen, nur um dem nagenden Gefühl der Unsicherheit ein Ende zu setzen.

Was aber ist eigentlich Sicherheit? Ist sie so wichtig und all die Anstrengung wert, die wir in sie investieren? Und warum ist sie trotz allem Bemühen immer unerreichbar? Die Anwort verbirgt sich in einer Frage, die zu stellen uns Sai Baba immer wieder rät: „Wer bin ich?" Er selbst liefert die Antwort auf vielerlei Art, für gewöhnlich indem er uns zeigt, wer wir nicht sind. Denn, haben wir uns erst all dessen entledigt, was wir nicht sind, dann haben wir die Freiheit zu entdecken, wer wir sind, und Sai Baba versichert uns, daß wir alle Gott sind. Aber diese Zusicherung ist für die meisten Menschen sehr schwer zu akzeptieren, da sie es gewohnt sind, sich mit ihrem physischen Körper-Geist-Persönlichkeit-Ego-Komplex zu identifizieren, und sie vergessen dabei, daß dies nur ein Behältnis für ihr wahres Selbst ist.

Unsicherheit ist völlig unnötig; tatsächlich ist sie bloße Verschwendung von Zeit und Energie, und zwar einfach deshalb, weil die Leute ihre Sicherheiten in der falschen Richtung suchen – nämlich in der äußeren Welt anstatt in ihrem Innern. Wenn wir erwarten, daß wir durch die Bindung an etwas oder jemanden außerhalb unserer selbst Sicherheit erlangen, ist die Enttäuschung vorprogrammiert. Wir können sie nur finden, wenn wir uns mit dem identifizieren, was wir wirklich sind: der unsichtbare Funke, der in die äußere, sichtbare Hülle eingebettet ist, in der wir in dieser Welt existieren, und der in jedem Menschen den gleichen Wert hat. Wozu also brauchen wir die Unsicherheit, wenn wir alle gleich wertvoll sind? Und warum versuchen wir, „besser“ als alle anderen zu sein?

Unser Erbgut und unsere frühe Konditionierung sind der Grund für unsere fehlgeleitete Identität und die daraus folgende Unsicherheit. Bei jeder neuen Wiedergeburt in diese Welt ist uns beigebracht worden, uns mit unserem physischen Körper und unseren Gedanken, Gefühlen, unserer Sprache, unseren Handlungen, Wünschen und Sinneswahrnehmungen zu identifizieren. Von den ersten Anfängen unserer vielen Aufenthalte auf dieser Erde wurde uns allen die Unwahrheit über unsere wahre Identität gesagt, was in dem quälenden Unsicherheitsgefühl resultiert, unter dem wir seither fortwährend gelitten haben. In jedem folgenden Leben strebten wir wieder nach Sicherheit, nur um noch unsicherer zu werden, weil wir sie nicht fanden. Viele hat diese fehlgeschlagene Suche in die Depression getrieben, in den Wahnsinn, ja in den Selbstmord. Mit jedem neuen Zeitalter verschlimmerte sich die Situation, da sich dieses Muster immer tiefer in den menschlichen Geist eingrub. Die daraus resultierende Niedergeschlagenheit stärkt die Herrschaft des Monkey Mind, der ständig auf Suche nach Sicherheit ist.

Jetzt ist aber die Zeit für eine neue und ganz andere Lebensweise gekommen, und sie kündigt sich zum großen Teil durch Sai Babas Leben an. Im heraufdämmernden Neuen Zeitalter wird uns allen beigebracht werden, wer wir wirklich sind, und seine vormals verborgene Identität wird jedem entschleiert werden. Dann können wir lernen, uns in der Gewißheit sicher zu fühlen, daß wir im Kern unseres göttlichen Selbst alle gleich sind, keiner besser oder schlechter, weiser oder dümmer, keiner stärker oder schwächer, reicher oder ärmer, sondern alle eins und von gleichem Wert im gemeinsamen Ursprung. Um aber befreiter in dieses neue Leben zu gehen und um uns dabei mehr und mehr auf die Führung unserer inneren Realität zu verlassen, müssen wir uns von allen alten, falschen Symbolen einer Pseudosicherheit lösen und sie durch die einzige Sicherheit ersetzen, die von Dauer ist: die Identifikation mit unserem wahren Selbst, das vollkommen ist und deshalb absolut vertrauenswürdig.

Einige von uns werden zweifellos die Pioniere sein und den ersten Sprung vom Bekannten zum Noch-Nicht-Bekannten machen, wo keine der alten Regeln brauchbar sein wird und wo es keine Gewißheit gibt, was im nächsten Moment passiert. Keiner unserer Pläne wird dabei zum Zuge kommen, nur jene, die von der Quelle der Weisheit stammen, die in jedem von uns vorhanden ist. Dies wird heißen, das Bekannte aufzugeben, und keiner von uns mag dem Unbekannten ins Auge blicken. Viele ziehen eine zwar schmerzvolle, aber vertraute Situation einer unbekannten Zukunft vor, in der es keine vertrauten Grundregeln gibt, denen man folgen kann, sondern nur die Führung durch das Höhere Selbst, das uns von Minute zu Minute leitet. Dies ist der Ort, an den uns Sai Baba führen möchte, und es ist der Hauptgrund, warum er, nach eigener Aussage, in dieser Zeit großer Not menschliche Gestalt angenommen hat. Deshalb drängt er uns, „meine Ungewißheit zu lieben", die das Heilmittel ist für die Unsicherheit, unter der wir alle so lange gelitten haben.

Beloved Baba hear my wish
Which I address to thee,
To fill me up so full of you
There's no room left for me.

Beloved Baba take my life
And shape it as you will,
And then please live it through me,
Your wishes to fullfill.

Beloved Baba give me strength
And take away all fear
As you have proved that you can do
Throughout this troubled year.

Beloved Baba take my heart
And make of it your home.
And you will be installed in it
Wherever I may roam.

Geliebter Baba, hör meinen Wunsch
den ich an dich richte.
Erfülle mich so sehr mit dir,
daß kein Platz mehr für mich ist.

Geliebter Baba, nimm mein Leben
und forme es nach deinem Willen,
und dann, ich bitte dich, leb es durch mich,
und erfülle deine Wünsche.

Geliebter Baba, gib mir Kraft
und nimm mir alle Furcht.
Du hast gezeigt, daß du das kannst
in diesem schwierigen Jahr.

Geliebter Baba, nimm mein Herz
und mach es zu deinem Haus.
Und du wirst fest darinnen wohnen,
wo immer ich auch bin.

Kapitel 27

Warum sich fürchten, ich bin doch da

Einer der Lieblingsaussprüche Sai Babas ist: „Why fear when I am here?" – „Warum sich fürchten, ich bin doch da!" Und dem fügt er hinzu: „I am your near and dear." – „Ich bin der euch nahe und Liebe." Er sagt uns auch, daß wir alle ein Teil der unendlichen Gotteskraft sind, in der wir schwimmen wie ein Fisch im Wasser. Das bedeutet, daß Gott nicht nur in unserem Innern ist, sondern auch um uns herum, denn diese Gotteskraft hält alles am Leben und damit auch alle lebendige Kreatur.

Ich erinnere mich, daß mir als Kind gesagt wurde, Gott sei über uns, unter uns, vor uns und hinter uns und auf beiden Seiten. Eine solche Beschreibung verwirrte mich damals nur, denn niemand gab mir eine nähere Erklärung, vielmehr bezeichnete man dies als eines der großen Geheimnisse, und so hielt die Verwirrung an bis in mein Erwachsenendasein. Ich erinnere mich, daß ich mich umblickte, um aus meinen Augenwinkeln einen Blick auf Gott zu erhaschen, aber natürlich gelang es mir nie. Niemand gab mir auch nur einen Hinweis darauf, daß mein eigenes wahres Selbst göttlich sei. Das wäre zu der Zeit, als ich in England aufwuchs, ein Sakrileg gewesen, aber inzwischen hat sich vieles geändert. Welche Beruhigung ist es zu wissen, daß diese alte Erklärungsweise tatsächlich wahr ist, auch wenn wir uns dieser grundlegenden Wahrheit nicht bewußt sind, weil wir so viele Schichten von Konditionierungen angesammelt haben, die den Funken

Göttlichkeit zudecken und tief in uns allen begraben halten.

Und noch einen Ausspruch hörte ich vom Pfarrer unserer Kirche mit großer Regelmäßigkeit in seinen Predigten: „Das Himmelreich ist in dir", und ein anderer folgte ihm sogleich auf den Fuß: „Zuerst sollst du das Himmelreich suchen, dann wird dir alles andere zuteil werden." Aber wie, fragte ich mich, war das anzustellen? Sai Baba beantwortet diese Frage, indem er uns den Rat gibt, daß wir es uns zur Gewohnheit machen, uns dem göttlichen Funken in uns zuzuwenden und seine Hilfe zu suchen. Wir können ihn bitten, uns beim Abwerfen all der Hüllen zu unterstützen, die sich während unserer vielen Aufenthalte in menschlichen Körpern auf dieser Erde um den göttlichen Kern angesammelt haben. Je mehr wir unsere Aufmerksamkeit von allen äußeren Ablenkungen abwenden, die unseren Monkey Mind anziehen, ihn abhängig machen und in die Falle locken, desto bewußter werden wir uns darüber, wer wir wirklich sind. Und je mehr wir diese Gewohnheit entwickeln, desto leichter wird es sein, sie regelmäßig zu praktizieren.

Wir haben uns so gründlich mit unserem äußerlichen Drumherum identifiziert – unserem Körper, unserem Gehirn, unserem Ego, unserem Willen, unserer Persönlichkeit –, daß wir zu der Überzeugung gekommen sind, dies sei unser wahres Selbst. Und so päppeln wir diese Bestandteile unseres Ich in dem Versuch, sie glücklich und zufrieden zu machen, eine nie enden wollende Aufgabe, die zwangsläufig zum Scheitern verurteilt ist. Denn wie alles Materielle, so sind auch sie unzuverlässig und werden uns eines Tages im Stich lassen, sei es in Form von Krankheit, Depression, Zweifel, Wut oder all den anderen Veränderungen, denen die physische Form unterworfen ist. Und dies geschieht meistens dann, wenn wir sie am meisten brauchen.

Sobald wir verstehen, daß der physische oder mentale Teil unseres Ich weder real noch verläßlich ist, und bei der großen Realität Beistand suchen, die in unserem Innern wohnt; sobald wir aufhören, mit Gewalt unseren Willen durchzusetzen, wenn es um die Aneignung oder das Erreichen bestimmter Ziele geht, wird uns „alles andere gegeben werden". Das Ergebnis könnte sogar noch befriedigender ausfallen, als wir es uns je haben träumen lassen – und oft tut es das auch. Und wahrscheinlich würden wir es nie für möglich halten, daß wir soviel je verdient haben.

Aber daß wir uns den Lehren Sai Babas verschrieben haben, bedeutet nicht notwendigerweise, daß wir von allen Problemen, Sorgen, Traumata, Ängsten oder anderen Lebenserfahrungen dieser Art nun frei sind. Sai Baba schwenkt nicht den Zauberstab, um alle unsere Probleme verschwinden zu lassen. Wenn er uns lehrt, daß wir alle göttlich sind, gibt er uns vielmehr die Mittel in die Hand, mit denen wir jede Krise selbst in den Griff bekommen können, indem wir uns auf die einzige vertrauenswürdige Macht dieser Welt verlassen, die uns helfen wird, zu akzeptieren, was immer geschieht. Durch die Hingabe an diese Kraft öffnen wir den Weg, auf dem uns die Lösung gezeigt wird. Oder, mit den Worten Sai Babas: „Warum sich fürchten, wenn ich doch da bin?"

Wir müssen also unsere Vorlieben, unsere vermeintlichen Bedürfnisse und falschen Sicherheiten loslassen und unser Leben der Führung des Höheren Selbst anvertrauen, der einzigen Kraft, von der wir mit Sicherheit wissen, daß sie unsere wahren Bedürfnisse kennt; und wir müssen bereitwillig akzeptieren, was diese Kraft für uns bereithält. Dieses Vorhaben kann der Start für eine neue Lebensweise sein, eine Lebensweise, bei der wir durch das Höhere Selbst leben und nicht mehr in die alte Gewohnheit verfallen, alles, was wir wollen, mit unserem Willen zu erzwingen. Diese neue Art zu leben ist um vieles entspannter. Nachdem wir mit ihr ein bißchen vertrauter geworden sind, und es uns leichter fällt, diesem Lebensstil zu folgen, wird er einiges an Herausforderungen und Abenteuern für uns bereithalten. Das soll aber nicht heißen, daß wir uns bequem zurücklehnen können und nichts mehr tun müssen. Vielmehr werden wir mit großer Wahrscheinlichkeit entdecken, daß wir bei weitem mehr zustande bringen, als wir je für möglich gehalten haben, ohne die übliche Verspanntheit und Erschöpfung.

Kapitel 28

Laß los, und überlaß es Gott

Als kleines Kind hörte ich den Pfarrer unserer Kirche seine Sonntagspredigt häufig mit der Ermahnung schließen: „Let go and let God." – „Laßt los, und überlaßt es Gott." Diese Anweisung wurde mir nie erläutert, zumindest nicht in einer Weise, daß ich sie als Kind verstanden hätte. Also hatte ich auch keine Ahnung, was sie bedeuten konnte, und noch weniger, wie man sie in die Praxis umsetzen konnte. Was sollte ich loslassen, fragte ich mich oft, und was sollte ich Gott überlassen?

Sai Baba hat sehr klar gesagt, was wir tun sollen: „Eure erste Pflicht ist es loszulassen. Laßt all eure Pläne los, auch die besten. Laßt all eure wohlgehüteten Theorien los, die Doktrinen, die euch so lieb und teuer sind, eure Wissenssysteme, die euer Hirn verstopfen, die kleinen Vorlieben, die ihr euch angesammelt habt, euer Streben nach Ruhm, Geld, Bildung, Überlegenheit. All dies ist materiell, objektiv. Tretet erst in die materielle Welt ein, wenn ihr euch des *atman* bewußt geworden seid. Dann werdet ihr erkennen, daß alles ein Spiel des *atman* ist."

Viele reagieren auf den Satz „Laß los, und überlaß es Gott" mit Angst und Zittern. Sie leiden unter der Täuschung, daß Gott eine mächtige Autorität außerhalb ihrer selbst und getrennt von ihnen sei. Deshalb fürchten sie, von einer äußeren Macht oder Figur beherrscht zu werden. Sai Baba aber lehrt, daß es ein Irrtum sei zu denken, man sei von Gott getrennt. Er versichert uns, daß wir alle Gott sind, daß aber wir uns von Gott getrennt haben, weil wir unsere wahre Identität vergessen haben, und nicht andersherum: daß Gott sich von uns getrennt hat. Dies kann niemals geschehen.

Wenn wir also den Satz „Laß los, und überlaß es Gott" aus dieser Perspektive noch einmal betrachten, bedeutet er, daß wir eigentlich unser Ego loslassen und dessen Bindungen an alles, was ihm lieb und teuer ist; und daß wir zulassen, daß sich unser wahres Selbst durch unsere Persönlichkeit ausdrückt – was es nur dann tut, wenn wir es darum bitten. Diese Situation stellt das Gegenteil von Herrschaft dar, denn wir bleiben absolut frei in der Entscheidung, wer unser Leben führen soll: unsere Ego-Persönlichkeit oder unser Göttliches Selbst. Auf was kann man eher bauen? Offensichtlich ist das Göttliche Selbst der einzige verläßliche Führer und Mentor – es ist universell, weiß alles und bildet den Kern unseres Seins.

Wir müssen es uns also zur Gewohnheit machen, uns so oft wie möglich an diesen inneren Mentor zu wenden, vor allem in Situationen, in denen wir nicht sicher sind, wie wir uns verhalten sollen. Wie alle guten Vorsätze, werden wir auch diesen oft vergessen. Wenn dies geschieht, sollten wir geduldig mit uns sein und nicht mit Niedergeschlagenheit, Schuldgefühl oder harter Selbstkritik reagieren. Am besten ist es dann, wenn wir uns aufrappeln, den Staub abklopfen und von vorne anfangen.

I wish I were a little moth
Attracted to your flame
To let it burn away from me
All else except your name.

I wish I were a little flower
Wide open to your sun
To follow you around all day
Until its end has come.

I wish I were a butterfly
Atop your lotus feet,
Sipping your amrita
To make its life complete.

I wish I were a little bird
Which sings its heart away,
Repeating constantly your name
From morn till night each day.

But I am really none of these,
And yet I'm all of them,
For the spark of life in all that lives
Is the same in women and men.

And all the sparks together
Add up to one great whole,
Which is the God we worship
Reflected in each soul

So I can be a little moth
Attracted to your flame,
And let it burn away from me
All else except your name.

Ich wollt', ich wär' ein kleiner Nachtfalter,
der in deine Flamme fliegt,
damit sie alles an mir verbrenne,
nur nicht deinen Namen.

Ich wollt', ich wär' eine kleine Blume,
die sich weit deiner Sonne öffnet,
den ganzen Tag nach deinem Lauf sich dreht,
bis ihr Ende gekommen ist.

Ich wollt', ich wär' ein Schmetterling
und säße auf deinen Lotos-Füßen,
und nippte Deinen Nektar,
dann wär' mein Leben rund.

Ich wollt', ich wär' ein kleiner Vogel,
der sich das Herz aussingt,
immerzu deinen Namen trällert,
vom Morgen bis zur Nacht.

Aber das alles bin ich nicht,
und doch bin ich auch sie,
denn der Funke des Lebens in allem, was lebt, ist
derselbe in Mann und Frau.

Und alle dieser Funken zusammen
ergeben ein großes Ganzes,
es ist der Gott, den wir verehren,
und der sich in jeder Seele spiegelt.

So darf ich sein ein kleiner Falter,
der in deine Flamme fliegt,
damit alles an mir verbrenne,
alles, nur nicht dein Name.

Kapitel 29

Sei glücklich!

Oft ruft Sai Baba einer Person und manchmal einer ganzen Versammlung zu: „Seid glücklich!" Es ist eine so einfache kleine Aufforderung, die aber für viele Menschen verwirrend und frustrierend und äußerst schwer zu befolgen ist. Sie geben dann eher auf und resignieren und fallen in ihre alten Gewohnheiten zurück, nämlich zu klagen, zu trauern, zu kritisieren, zu urteilen und all die andern negativen Mentalübungen, die der Mind so liebend gerne durchexerziert, wenn man ihn nicht sinnvoll beschäftigt.

Entmutigend ist die Tatsache, daß die Mehrheit aller Menschen heute nicht nur nicht glücklich, sondern höchst unglücklich ist. Wie der Affe, dessen Faust dick mit Nüssen voll ist und deshalb nicht aus dem Flaschenhals geht, sitzen wir in der Falle unserer eigenen Gedanken, Wünsche und Reaktionen. Und wie der Affe schieben auch wir lieber die Schuld auf etwas oder jemanden anderen und sehen nicht, daß es uns freisteht, wie wir reagieren. Wir können entweder an unseren finsteren Stimmungen festhalten oder loslassen, was wir vom Kopf her unbedingt wollten, aber nicht bekommen haben, was für gewöhnlich der tieferliegende Anlaß für negative Gedanken ist.

Wie in dem Bild von den schwarzen und weißen Vögeln tendieren wir dazu, die Dinge wegzuschieben, die wir fürchten oder nicht erleben wollen, und nach jenen Dingen zu greifen, die wir begehren oder die wir glauben, nicht erreichen zu können. Leicht erkennt man, daß allen diesen Situationen die Angst als gemeinsames Gefühl zugrunde liegt. Angst ist auch häufig der Grund für negative Reaktionen wie Wut, Depression und andere Arten des Unglücklichseins. „Sei glücklich!", diese Aufforderung ist oft genauso schwierig in die Praxis umzusetzen wie die Frage: „Warum sich fürchten, wenn ich doch da bin?" Aber beide Sätze sind eng miteinander verknüpft, denn wir sind deprimiert oder unglücklich, weil wir fürchten, daß etwas geschehen wird, was wir nicht wollen, oder daß etwas nicht eintreten wird, was wir uns im stillen erhofft haben.

Angst, Unglücklichsein und alle anderen Arten von Negativität sind zurückzuführen auf den Monkey Mind und den Glauben, daß jemand oder etwas außerhalb unserer selbst die Ursache unserer Probleme und unserer negativen Reaktionen sei. Tatsächlich aber können wir wählen, ob wir uns weiterhin unglücklich machen lassen wollen, oder ob wir herausfinden wollen, an was wir uns wegen unserer vermeintlichen Sicherheitsbedürfnisse so krampfhaft festklammern; danach können wir es loslassen. Wenn wir all das loslassen würden, was uns die Illusion von Sicherheit gewährt, könnten wir frei sein; ganz ähnlich dem Affen, der aus seiner Falle entkommen könnte, würde er nur seine fest geschlossene Faust öffnen und die Früchte und Nüsse und anderen Delikatessen loslassen, die er so fest umklammert hält.

Sai Baba repräsentiert für uns unser Höheres Selbst in menschlicher Gestalt. „Warum sich fürchten, wenn ich da bin?" bedeutet also im wörtlichen Sinne: Warum fürchten wir uns, wenn das weise und liebevolle Selbst, das wir in Wirklichkeit sind, in uns selbst zu finden ist und uns alles gibt, was wir brauchen? Denn „closer is He than breathing, and nearer than hands and feet." –

„Näher ist er uns als der Atem und näher als Hände und Füße." („The Higher Pantheism", Oxford Dictionary of Quotations, London & New York, Oxford University Press, 1955) Aber wir müssen bereit sein, auf das zu verzichten, was wir vermeintlich brauchen, um empfänglich zu sein für das, was Es uns geben will.

Sai Baba sagt: „Sei glücklich!" Aber wie können wir denn glücklich sein, wenn wir voller Angst sind? Offensichtlich müssen wir die Ursache unserer Angst loslassen, um glücklich zu sein. Die Wurzel unserer Angst ist aber unsere Identifikation mit dem Körper und seinen Sinnen, die den Monkey Mind immer wieder dazu bringen, seine erhoffte Sicherheit in äußeren Abhängigkeiten zu suchen, anstatt im Inneren, im Dienst am Höheren Selbst, wie dies Hanuman im Dienst für Rama tat. Da wir alle frei sind in unserer Wahl, müssen wir Wege finden, die uns bei der Entscheidung für das unterstützen, was uns bleibendes Glück beschert, ohne mit Furcht verbunden zu sein. Auf diesen Wegen wartet die wahre Freiheit.

Wie hält uns also unser Monkey Mind, den die fünf Sinne immer wieder zum Streunen verleiten, in der Falle von Furcht und Unglücklichsein gefangen? Zum einen, indem er uns in Depression und Hoffnungslosigkeit versinken läßt, wobei wir uns äußerst hilflos fühlen, was wiederum unseren Glauben verstärkt, es gäbe keinen Ausweg aus der Falle. Dies bedeutet andererseits nicht, daß wir eine rosarote Brille aufsetzen und so tun sollen, als seien wir glücklich, zufrieden und angstfrei; das wäre Selbstbetrug. Ausdauer und Disziplin sind vonnöten, will man sich von den äußeren Ablenkungen ab- und seinem Inneren zuwenden und dabei Hanumans Beispiel folgen, der immer wieder neue Wege suchte, wie er Rama oder dem Höheren Bewußtsein dienen konnte.

Merrily, merrily go your way
Wearing a smile as you live each day.
I will fill you full of love
So act with the softness of a dove.

Then you can temper the sword in your hand
Which I will use to cleanse the land.
Keep close contact daily with me
And I will be always with thee.

Mit Freude, mit Freude geh deinen Weg,
und trage ein Lächeln an jedem Tag.
Ich werde dich füllen mit meiner Liebe,
also handle mit der Sanftheit einer Taube.

Dann kannst du das Schwert in deiner Hand mildern,
mit dem ich das Land reinigen werde.
Sei täglich in enger Verbindung mit mir,
und ich werde immer bei dir sein.

Kapitel 30

Affe oder Mensch?

Es gibt noch einen weiteren Aspekt des Monkey Mind. Sai Baba sagt, daß wir die Instinkte und Sinneswahrnehmungen und alles andere, was zum physischen Körper gehört, mit den Tieren und allen lebenden Kreaturen gemeinsam haben. Aber im Unterschied zu Tieren sind die Menschen mit bestimmten Eigenschaften ausgestattet, die andere Spezies nicht besitzen. Und weiter führt er aus, daß nur wir allein die Fähigkeit haben, uns von unserem Körper zu distanzieren, und daß nur wir Intelligenz und Unterscheidungsvermögen besitzen und unsere Sinne kontrollieren können. Er erklärt, daß wir uns auf der evolutionären Stufenleiter nach oben bewegen, von der rein tierischen Stufe über die tierisch/menschliche zur rein menschlichen Stufe, dann zur menschlich/göttlichen und schließlich zur göttlichen Stufe, unserer wahren Identität.

Um diesen Aufstieg wirklich in Angriff nehmen zu können, müssen wir die nötigen Schritte tun und den rein tierischen Teil unserer Natur hinter uns lassen, indem wir aufhören, uns mit unserem Körper und allen körperlichen Verlangen zu identifizieren, die uns an ihn binden. „Ihr seid nicht euer Körper", mahnt uns Sai Baba wiederholt, und doch überlassen wir diesem Körper immer noch die Kontrolle, anstatt sie selbst zu übernehmen. Damit verurteilen wir uns, auf der tierisch/menschlichen Stufe stehenzubleiben und nehmen uns die Fähigkeit, auf der Evolutionsleiter weiter nach oben zu gelangen bis zur schließlichen Vereinigung oder Identifikation mit dem Göttlichen, ein Zustand, den wir als Erleuchtung bezeichnen.

In dem Maße, in dem wir den Verlockungen des Mind nachgeben und unseren Sinnen folgen, uns damit wie Tiere verhalten, die Leiter also hinabsteigen anstatt hinauf, machen wir uns schuldig, unser eigenes Wachstum zu vereiteln. Die überwiegende Mehrheit der Menschen lebt und handelt in dieser Zeit des *kali yuga* eher wie Affen, obwohl wir die Chance haben, zunehmend menschlicher zu werden. Für einen Affen ist es ganz natürlich, sich wie ein Tier zu verhalten und von den fünf Sinnen kontrolliert zu sein. Es ist aber nicht das *dharma* (die Bestimmung) eines Menschenwesens. Unser Streben sollte dahin gehen, immer gottähnlicher zu werden, indem wir uns ständig jenem Funken Göttlichkeit zuwenden, der unsere physische Hülle beseelt.

Kapitel 31

Sag es einfach

Sehr oft kann man Sai Baba mit seiner weichen und beruhigenden Stimme sagen hören: „Sag es einfach." Tendenziell scheint sich die Meinung durchzusetzen, man müsse die Lehren Sai Babas in möglichst profundem, akademischem Stil ausdrücken, damit sie Eindruck machen und viele Menschen anziehen, die sie dann auch praktizieren. Das dieser Annahme zugrundeliegende Motiv ist vielleicht eher, andere mit dem eigenen Wissen zu beeindrucken, um ihre Bewunderung zu erwecken, und weniger der Wunsch, anderen auf möglichst einfache Weise das zugute kommen zu lassen, was wir gelernt haben, und damit sicher zu gehen, daß unsere Zuhörer uns auch verstehen.

Ich habe zeit meines Lebens dazu geneigt, das Wissen und das fachliche Urteil anderer Leute eher zu überschätzen und meine eigenen Fähigkeiten eher zu unterschätzen. In den letzten Jahren habe ich jedoch folgendes erkannt: Je einfacher und klarer etwas ausgedrückt wird, desto höher ist die Wahrscheinlichkeit, daß es von vielen Menschen verstanden wird, die dann auch den nächsten Schritt machen und das Gelernte in die Praxis umsetzen können, was eigentlich das wichtigste an einem Lernprozeß ist. Wir müssen wie die Kinder werden, um das Himmelreich zu erlangen! Wenn wir uns in den Fangstricken des Intellekts verfangen, werden wir kaum praktizieren, was wir predigen! Sai Baba selbst verwendet sehr einfache Anweisungen und Beispiele und wiederholt sie immer wieder, und durch Wiederholung in leicht abgewandelter Form geht er sicher, daß seine Botschaft von einer größtmöglichen Anzahl von Leuten empfangen und verstanden wird. Wir alle haben schon Rednern zugehört, deren Sprache und Präsentation hervorragend war, und trotzdem ging der Inhalt am Großteil ihres Publikums vorbei. Wenn ihre Zuhörer dann berichten sollten, wovon die Rede war, mußten sie ausnahmlos eingestehen, daß sie sich nicht daran erinnern konnten.

Spirituelle „Versnobtheit" ist, neben jeder anderen Art der Versnobtheit, einer der größten Stolpersteine auf der inneren Reise zum Selbst und muß deshalb abgestellt werden. Anstatt unnötig Zeit zu verlieren bei dem vergeblichen Versuch, andere mit unserem Wissen und unseren Fähigkeiten zu beeindrucken, wäre uns und anderen mehr geholfen, wenn wir unsere Mitteilungen so einfach und prägnant wie möglich hielten. Schließlich ist es die Information und nicht unsere Person, die für andere wichtig ist. Je einfacher diese Information abgefaßt ist, desto größer ist der Personenkreis, der davon profitiert.

Wir alle haben ähnlich gelagerte Probleme, aber viele von uns denken, daß ganz bestimmte Schwierigkeiten nur sie alleine haben. Für sie ist es ein besonderer Trost, wenn andere diese Probleme mit ihnen teilen. Darüber hinaus ist es eine große Hilfe, von anderen verschiedene Möglichkeiten zu erfahren, wie wir uns selbst helfen können, und andererseits hilfreiche Ideen, die wir selbst herausgefunden haben, auch anderen zugänglich zu machen. Ich nenne das „gegenseitige Befruchtung".

Uns selbst oder andere zu überschätzen oder zu unterschätzen ist Dummheit, denn wir alle sind, was unser wahres Selbst betrifft, gleich. Wir unterscheiden uns nur in unseren Persönlichkeiten, beziehungsweise in dem, was wir noch zu lernen haben. Jeder Vergleich bedeutet Begrenzung und ist reine Zeit- und Energieverschwendung. Viel besser und praktischer ist die Feststellung, daß wir alle Probleme haben, die in diesem Leben bearbeitet werden müssen, und daß wir gemäß unserem Karma ganz bestimmte Lektionen lernen müssen. Es ist also völlig nutzlos, uns mit irgendjemand anderem zu vergleichen. Der einzig sinnvolle Vergleich ist der mit uns selbst. Wenn wir uns von unserem jetzigen Standpunkt aus mit dem vergleichen, der wir an einer bestimmten Stelle unserer Vergangenheit waren, können wir ermitteln, ob wir aus unseren Fehlern gelernt und ob wir echte Fortschritte gemacht haben.

I love you all every single one,
For deep within I see,
Beneath the ego layers,
Your own Divinity.

No one of you is special
Or more lovable to me,
For each of you possesses
Your own Divinity.

So don't compete with others
To seek security,
When my love you have already
From your own Divinity.

Direct my love to others
Who are blind and cannot see,
The love they seek so desperately
Is their own Divinity.

For as you seek in everyone
The counterpart of me,
You'll start to open up your hearts
To the one Divinity.

Ich liebe jeden einzelnen von euch,
denn tief in eurem Innern,
unter den vielen Schichten eures Egos,
sehe ich eure Göttlichkeit.

Keinen von euch bevorzuge ich,
keiner liegt mir mehr am Herzen,
denn jeder von euch besitzt
seine eigene Göttlichkeit.

Also versucht nicht, andere zu übertreffen,
nur um euch sicherer zu fühlen,
denn meine Liebe habt ihr mit Sicherheit
aufgrund eurer eigenen Göttlichkeit.

Laßt auch anderen meine Liebe zukommen,
andern, die blind sind und nicht sehen können.
Die Liebe, die sie so verzweifelt suchen,
liegt in ihrer eigenen Göttlichkeit.

Wenn ihr in jedem, den ihr trefft,
mein genaues Ebenbild entdecken wollt,
dann beginnen sich eure Herzen zu öffnen
für die eine Göttlichkeit.

Kapitel 32

Mein Leben ist meine Botschaft

Sai Baba sagt immer wieder, daß sein Leben seine ganze Botschaft sei, und daß die Art und Weise, wie er sein Leben lebe, auch seine Lehren exemplifiziere. Er sagt weiter, daß auch wir versuchen sollten, unser Leben zu seiner Botschaft zu machen und es in Übereinstimmung mit dieser Botschaft zu führen. Jeder, der Sai Baba in seinem Ashram in Indien besucht hat und den vergleichsweise kleinen Teil seines Tagespensums mitbekommen hat, der sich vor den Augen des Besuchers abspielt, wird zugeben, daß sein Alltag tatsächlich seine Botschaft ist, denn für uns wäre es völlig undenkbar, all das in einem Tag zustande zu bringen, was bei ihm mühelos und mit so viel Liebe geschieht. Er lehrt uns, liebevoll zu sein und in jedem nur das göttliche Selbst zu sehen, auch in uns selbst. Darum ist es unmöglich, in seiner Nähe zu sein, ohne die Liebe zu spüren, die er in jeder Minute des Tages für jeden ausströmt, der offen dafür ist.

Er rät uns, alles als Dienst an Gott zu tun, so daß unser Leben auch seine Botschaft wiederspiegelt. Für viele scheint diese Anweisung jedoch nicht konkret genug zu sein, um eine Lebenspraxis daraus zu machen, denn viele sagen, sie wissen nicht, wo sie anfangen sollen. Wir alle sind voller guter Vorsätze, aber daraus folgen nicht immer die richtigen Taten. Der beste Weg, beides in Übereinstimmung zu bringen, ist, sich daran zu erinnern, wer wir wirklich sind, und dem göttlichen Selbst in uns die Führung zu übergeben, damit es unser Handeln so leitet, daß unser Leben allmählich mehr und mehr mit Sai Babas Botschaft harmoniert. Aber wir alle vergessen dies, auch wenn wir die Notwendigkeit sehen, uns unserem wahren Selbst zuzuwenden, und auch wenn wir davon überzeugt sind, daß es unser Verhalten verändern wird. Anstatt aber in den resignativen Glauben zu verfallen, daß wir eine solche Praxis nie mit Erfolg durchhalten können, um dann vielleicht jeglichen Versuch in diese Richtung aufzugeben, sollten wir uns eingestehen, daß wir hin und wieder etwas vergessen, und dies sogleich wettmachen, indem wir uns erneut der Unterstützung unserer inneren Göttlichkeit versichern, die unsere Schritte lenkt.

You are the only one,
You are in everyone,
You are the guiding star
Clearly seen wherever we are.

You are the heart's delight,
You are the inner light,
You are the charioteer,
You are the near and dear.

But we so oft forget,
We have not learned as yet
To put our trust in you,
And let you carry us through.

Whatever happens, be it good or bad,
However we're feeling, whether happy or sad,

You are not far away,
You're with us night and day,
You are so near and dear
We need not ever fear.

Praise to our High Self
Which is our only wealth,
We feel your perfect love
Flowing to us from above.

Du bist der Einzige,
du bist in jedem,
du bist der Leitstern,
den wir sehen, wo immer wir sind.

Du bist die Freude des Herzens,
du bist das innere Licht,
du bist der Lenker des Wagens,
du bist nah, du bist Liebe.

Aber wir vergessen so oft,
und wir lernen so schwer,
dir ganz zu vertrauen,
und uns helfen zu lassen.

Was immer passiert, sei es gut oder schlecht,
wie immer wir uns fühlen, glücklich oder traurig,

Du bist nicht weit von uns,
du bist bei uns bei Tag und bei Nacht,
du bist so nah, bist uns so teuer,
wir brauchen uns nicht zu fürchten.

Gelobt sei unser Höheres Selbst,
der einzige Reichtum, den wir besitzen,
Wir fühlen deine vollkommene Liebe,
die auf uns herabfließt.

Kapitel 33

Keine falsche Fassade!

Ob wir es zugeben wollen oder nicht, wir sind alle Heuchler. Dies ist ein Trick, den wir in unserer Kindheit aus Furcht vor Strafe lernten. Wir sagen das eine, denken aber etwas ganz anderes, manchmal sogar das Gegenteil. Eine moderne Redewendung, die dieses Phänomen exakt beschreibt, ist „to have a hidden agenda – versteckte Ziele verfolgen" (wörtliche Übersetzung: eine zweite, verborgene Tagesordnung haben). *Doppelgesichtig* oder *heuchlerisch* waren die Begriffe, die man in meiner Kindheit dafür verwendete. Das äußere Gesicht vermittelt den Eindruck, man sei einverstanden mit den Erwartungen der anderen, und lenkt sie sozusagen von der richtigen Spur ab, während das innere Gesicht dem Recht auf unsere eigene Meinung und unser eigenes Vorhaben reserviert ist. Dies ist eine Methode, mit der das Ego versucht, die Fäden in der Hand zu halten, wobei es aber zugleich einen gegenteiligen Anschein vermittelt.

Die äußere Haltung ist falsch und hat die Funktion, eine Fehlspur zu legen, die andere ablenkt, damit wir ungehindert und ohne Einmischung den Willen des Egos durchsetzen können. Nachdem wir die Gegner unseres Vorhabens auf diese Weise getäuscht haben, überraschen wir sie mit der Enthüllung unserer verborgenen Motive, sobald es uns sicher erscheint oder wenn „vollendete Tatsachen" geschaffen sind.

Die Notwendigkeit einer „hidden agenda" oder einer falschen Fassade ergibt sich aus der Furcht, auf

Widerstand zu stoßen, sich lächerlich zu machen, bestraft zu werden oder einfach – zu versagen. Wenn es sich um eine Masche handelt, mit deren Hilfe wir unsere eigenen Ziele durchsetzen, dann ist dies eine Form von Unehrlichkeit. Sie verbirgt das wirkliche Motiv, nämlich die Situation unter Kontrolle zu halten, erweckt aber in anderen den Glauben, man handle aufrichtig. Das extreme Beispiel einer solchen Vorgehensweise liefert der Finanzbetrüger, der das Vertrauen seiner Opfer erschleicht, indem er sie von seinen reinen Motiven überzeugt und ihnen zur Belohnung ihres Vertrauens hohe Gewinne in Aussicht stellt. Sobald er dieses Vertrauen hat und sie seinem Plan zustimmen, macht er sich mit den Geldanlagen aus dem Staube, die er ihnen abgeschwatzt hat, und läßt sie ohne einen Pfennig zurück. Alles, was an List und Tücke oder Manipulation in diese Richtung tendiert, ist unehrlich, und wir müssen unser Verhalten genau beobachten, um Anzeichen solcher Unehrlichkeiten zu entdecken, die uns bis dahin vielleicht völlig unbewußt waren.

Kapitel 34

Ihr alle seid wandelnde Tempel

Sai Baba stellt oft einen ganz einfachen Satz in den Raum. Es ist eine Aufforderung für jeden von uns, darüber nachzudenken. Wir sollen seine Bedeutung für uns ganz persönlich entdecken – eine Bedeutung, die für gewöhnlich auf vielen Ebenen wirksam ist. Er weigert sich, uns diese Bedeutung in mundgerechten Happen anzubieten, aber er deutet gerade soviel an, daß wir uns dem Reiz nicht entziehen können, das darin verborgene Konzept auf unser eigenes Leben anzuwenden. In einem seiner Vorträge sagte Sai Baba: „Ihr alle seid wandelnde Tempel", was für viele von uns, die wir es zum erstenmal hörten, völlig neu war. Je mehr ich jedoch darüber nachdachte, desto klarer wurde mir, wie herrlich wahr dieser Satz doch ist.

Wie können wir also dieses Bild des wandelnden Tempels auf uns anwenden, und wie können wir unser Leben damit in Einklang bringen? Die Geschichte aus dem Neuen Testament, in der Jesus den Tempel von den Geldwechslern säubert, die den Tempel entweihen, kommt mir dabei spontan in den Sinn. Was entweiht oder beschmutzt unseren Tempel? Sind es unsere Emotionen, Gedanken, Wünsche, Pläne, Gewohnheiten und all die anderen Machenschaften des Monkey Mind, von denen wir uns nach wie vor beherrschen lassen? Was auch immer unseren Tempel beschmutzt, muß weggeräumt werden, damit der Gottesdienst darin stattfinden kann, für den er bestimmt ist.

Auch die Außenfassade des Tempels sollte saubergehalten werden. Viele Devotees gehen fehl in der Annahme, daß „spirituell sein" unter anderem auch heißt, auf die äußere Erscheinung keinen Wert legen zu müssen. Aber das ist nicht, was Sai Baba lehrt. Er fordert uns vielmehr auf, makellos sauber zu erscheinen, gut gepflegt und attraktiv gekleidet, aber auch keineswegs extravagant.

Sai Baba sagt uns immer wieder, daß sein Leben seine Botschaft sei, und er sagt, daß auch unser Leben seine Botschaft ausdrücken soll. Er erwartet von uns, daß wir unsere Stellung in diesem Leben akzeptieren und darin so gut es geht gemäß unserem *dharma* leben. Wenn wir gefällig gekleidet und gut gepflegt sind, werden unsere Freunde und Verwandten und auch andere eher etwas mehr über uns und unsere Lebensweise wissen wollen. Wenn wir andererseits wie Bettler daherkommen, sind sie sicher weniger interessiert. Und was noch wichtiger ist: Wir werden viel mehr Menschen die Lehren Sai Babas nahebringen, wenn wir sie ihnen alltäglich mit unserem Verhalten und in unseren Beziehungen vor Augen führen. Indem wir ehrlich sind im Umgang mit anderen, korrekt in unserem Verhalten, liebevoll in unseren Beziehungen, im Einklang mit uns selbst, uns negativer Gedanken, Gefühle, Worte und Taten enthalten, sind wir die beste Werbung für seine Botschaft. Und diese Botschaft besagt, daß wir alle wandelnde Tempel sind!

Beloved Baba, take this shell
Do with it what you will,
For I'm profoundly tired of it
When it's so often ill.

Beloved Baba, take this shell
And use it as a glove
In which to put your little hand
To fill me with your love.

Beloved Baba, take this shell.
I give it back to you,
For only you know what it is
Through me you wish to do.

Beloved Baba, take this shell
And make it fit for you
To dwell in as a temple
Where I can worship you.

Geliebter Baba, nimm diese Hülle,
tu mit ihr, was du willst,
denn ich bin ihrer gründlich überdrüssig,
wenn sie so oft krank ist.

Geliebter Baba, nimm diese Hülle
und gebrauche sie wie einen Handschuh,
in den du deine kleine Hand steckst
und mich dabei mit deiner Liebe füllst.

Geliebter Baba, nimm diese Hülle.
Ich gebe sie zurück an dich,
denn nur du weißt ganz genau,
was du noch mit mir vorhast.

Geliebter Baba, nimm diese Hülle
und richte sie ein für dich,
mach sie zu deinem Tempel,
in dem ich dich verehren kann.

Kapitel 35

In Deinem Herzen wirst Du mich finden!

Einer der wichtigsten Gründe, warum sich Sai Baba gerade zu dieser Zeit in menschlicher Gestalt inkarniert hat, besteht vielleicht darin, daß er uns zeigen will, daß wir alle ein Aspekt der Universellen Gotteskraft sind. „Ja, ich sage, ich bin Gott, aber man soll dieses Zitat zu Ende führen. Ich sage auch, daß ihr alle ebenfalls Gott seid. Der einzige Unterschied zwischen uns ist, daß ich weiß, ich bin Gott, und ihr wißt es noch nicht." Zugleich warnt er uns, wir sollen uns innerlich genausowenig an seine Gestalt binden wie an die Sicherheit, die jede greifbare Form, belebt oder unbelebt, in der äußeren Welt bietet. Stattdessen drängt er uns, sein Ebenbild in unserem Herzen zu finden. Auf diese Weise werden wir selb-ständig, werden wir uns selbst genügen, werden wir Selbst-Vertrauen und Selbst-Motivation entwickeln.

Aber dies scheint für die meisten Menschen sehr schwer akzeptabel. Unsere Ohren vernehmen seine Worte, wenn wir bei ihm im Ashram weilen, und wir sehen sie auf Papier gedruckt, wenn wir seine Vorträge lesen, aber viele halten krampfhaft fest an dem Wunsch, ihre Fragen persönlich beantwortet zu bekommen. Sie wollen, daß er ihnen spezifische Handlungsdirektiven gibt, daß er ihnen versichert, sie seien gute Devotees, am allerwichtigsten aber ist ihnen, daß er jeden Plan und jede Träumerei absegnet, die sie zu einer bestimmten Zeit gerade im Kopf haben.

Von seiner äußeren Gestalt abhängig zu sein, verhindert andererseits die Freiheit, im eigenen Innern nach Weisungen des eigenen göttlichen Selbst zu forschen. Wenn wir weiterhin erwarten, daß er uns sagt, was wir tun sollen und was nicht, werden wir auf dem emotionalen Stand von Kindern bleiben, die noch in einem Alter von ihren Eltern abhängig sind, in dem man dies kaum mehr vernünftig nennen kann. Wenn die Eltern im Notfall nicht erreichbar sind – oder wenn sie tot sind – ist so ein erwachsenes Kind völlig desorientiert und verunsichert; es weiß nicht, wie es nun weitermachen soll, da es vollständig unfähig ist, eine Entscheidung zu treffen.

Auf genau dieselbe Weise müssen wir uns von Sai Babas Gestalt entwöhnen, wenn wir jemals lernen wollen, uns auf sein Ebenbild in unserem Innern zu verlassen. Wir werden Sai Baba und seiner Mission nicht von Nutzen sein, wenn wir nicht soweit reifen, daß wir zunehmend von innen geleitet sind. Sai Baba braucht eigenständige Leute, denen er zutrauen kann, daß sie seiner Lehre gemäß handeln und auf diese Weise andere für seine Botschaft interessieren, Menschen, die es ihm erlauben, durch sie zu leben.

You never believe me though you think you do.
You are too busy wondering what to do.
You ask me and ask me, but never listen.
I tell you and tell you that it is my mission
To seek you and draw you and teach you the truth,
Or as much as I know you can use.
Do not ask for too much or ask not at all
But trust me to give you your dues.

Ihr glaubt mir nie, auch wenn ihr denkt, ihr tut's.
Ihr seid zu beschäftigt mit der Frage, was ihr tun sollt.
Ihr fragt mich und fragt mich, aber ihr hört nie zu.
Ich sage euch immer aufs neue, daß es meine Mission ist,
euch zu finden, euch hierherzulocken und euch die Wahrheit zu lehren,
oder so viel, wie ihr davon gebrauchen könnt.
Bittet nicht um zuviel, oder bittet am besten gar nicht,
sondern vertraut mir, daß ich euch gebe, was ihr verdient.

Kapitel 36

Von Generation zu Generation

Wir alle werden in eine schon bestehende Familie hineingeboren, wir haben Eltern, deren lange Ahnenreihen sich über viele Generationen in die Vergangenheit zurückerstrecken. Und aus diesem riesigen Reservoir von Eigenschaften, Anlagen, Gaben, Positivposten, Schwächen, Charaktereigenschaften, ja selbst Krankheiten suchen wir uns aus, was uns die besten Chancen bietet, das zu lernen, woran wir in unseren vorhergehenden Leben gescheitert sind. Wir sind nicht auf alles angewiesen, was uns diese Quellen zur Verfügung stellen, lediglich auf das, was zu unseren karmischen Lektionen paßt. Auf diese Weise können Kinder derselben Eltern, die unterschiedliche Anlagen aus den beiden Ahnenreihen ererbt haben, sich extrem von ihren Geschwistern unterscheiden und auch von den Eltern selbst.

Wir treten in dieses Leben nicht wie ein leeres Blatt, das nach und nach beschrieben wird. Wie einen Schwanz ziehen wir die Nachwirkungen vieler anderer Leben hinter uns her, dazu eine ganze Sammlung positiver wie negativer Eigenschaften, die das Fundament bilden, auf dem sich das jetzige Leben aufbaut. Zum gegenwärtigen Zeitpunkt sind die Menschen jedoch nicht mehr zufrieden mit dem langsamen und automatischen Prozeß, bei dem sie ihr Karma mit Hilfe der Familie aufarbeiteten, in die sie hineingeboren wurden, und mit Hilfe der Erbschaftslinien, die auf beiden Elternseiten in die Vergangenheit zurückgehen. Viele haben erkannt, daß sie diesen Prozeß beschleunigen können, indem sie sich fragen, wie sie die Lektionen bewußt lernen können, die ihnen ihre gegenwärtige Familiengeschichte als Aufgabe stellt. Und sie nehmen die Chance wahr, diese Lektionen zu verstehen und aus ihnen zu lernen. Dies beschleunigt den gesamten Prozeß und macht die ererbten Vorgaben überflüssig, sobald die Lektionen gelernt sind, die sie uns ermöglichten.

Aber viele alten Gewohnheiten sind immer noch lebendig und nicht so leicht auszumerzen. Sie können leicht zum Hindernis werden für diejenigen, die die bewußte Entscheidung getroffen haben, an sich zu arbeiten und den Prozeß weiterzutreiben mit dem Ziel, das Höhere Selbst durch sich leben und atmen zu lassen. Alte Gewohnheiten halten sie oft so stark zurück, als ob sie in Ketten lägen, und das ist ja auch tatsächlich der Fall, denn sie sind mit den Ketten-Reaktionen aller vergangenen Generationen verbunden, mit denen sie über ihre jetzigen Eltern verwandt sind. Viele Menschen sagen von sich aus, daß sie sich zurückgehalten und nicht frei fühlen, sich vorwärts zu bewegen, als ob sie an die Vergangenheit gekettet seien. In solchen Fällen müssen die Ketten durchschnitten werden, damit die jeweiligen Personen ungehindert von alten Zwängen an ihren Aufgaben weiterarbeiten können.

Jedes Leben bietet uns die Chance, uns von diesen Kettenreaktionen abzukoppeln, die dazu da sind, daß wir die nötigen Schritte unternehmen, um von unserem Karma frei zu werden. Wir alle haben in unserem jetzigen Leben diese Chance, wenn wir uns bis jetzt fleißig durch die Prüfungen gearbeitet haben, die uns dieses Leben angeboten oder auferlegt hat. Aber manche Leute haben sich so an ihre Frustration und an ihr Zurückhalten gewöhnt, daß sie Angst davor haben, loszulassen und einer unbekannten Zukunft ohne Ketten entgegenzusehen. Versuchen sie dann, ihr Zögern zu erklären, bringen sie oft vielerlei Entschuldigungen vor. So sagen sie zum Beispiel, sie seien noch zu sehr auf äußerliche Sicherheiten angewiesen, wie Geld, Besitz, Beziehungen oder Erfolg, als ob man von ihnen fordere, auch nur etwas davon aufzugeben. Diese Dinge selbst müssen nicht aufgegeben werden, vielmehr die scheinbare Sicherheit, die sie vermitteln, die aber in Wirklichkeit gar keine Sicherheit ist.

Diejenigen, die den Vorteil sehen, den ihnen die Befreiung von ihrer ererbten Vergangenheit verschafft, sind für gewöhnlich schon an einem Punkt angekommen, an dem sie selbst erfahren haben, wie bedeutungslos das Leben sein kann, wenn sie sich nicht vorwärtsbewegen, sondern sich in Beschränkungen festhalten lassen, die für sie nicht mehr relevant sind. Wenn wir einmal bei der Erkenntnis angekommen sind, daß nichts, was wir aus eigenem Willen erreichen, von Dauer ist oder uns auf Dauer zufriedenstellt, wird uns auch klar werden, daß uns nichts anderes übrigbleibt, als vorwärts zu gehen und uns zu befreien, damit unser wahres Selbst durch uns leben kann, statt daß wir uns wie in der Vergangenheit durch unser Ego motivieren lassen.

I closed the trap doors long ago
To contact with my soul.
In many lives since then I've tried
To seek afresh my goal.

But now I've met that shining one
Who has the power to aid,
I seek again with newfound strength
For which I've dearly paid.

So now I pray with all my heart
That he who knows my goal
Will help me keep wide open
The doorway to my soul.

I will hold back no longer
For time is slipping by,
And I desire to see the light
To guide me when I die.

You promise if we take one step
To meet us ten you'll take.
So Baba, from my heart I pray
This union I can make.

Vor langer Zeit schloß ich die Falltür zu
vor dem Zugang zu meiner Seele.
In vielen Leben habe ich seitdem gesucht,
mein Ziel neu zu finden.

Nun aber habe ich den Glanzvollen gesehen,
ich weiß, er hat die Macht zu helfen.
Nun suche ich wieder mit neu entdeckter Kraft,
für die ich teuer bezahlte.

Nun bete ich aus vollem Herzen,
daß er, der mein Ziel kennt,
mir hilft und weit mir öffnet
das Tor zu meiner Seele.

Nicht länger halte ich zurück,
denn schnell vergeht die Zeit,
und zu sehr wünsch' ich mir das Licht
zu sehen, das mich leitet, wenn ich einst sterbe.

Wenn wir auch nur einen Schritt auf dich hin tun,
so tust du zehn, um uns zu treffen.
Drum bet' ich, Baba, aus ganzem Herzen,
daß dieses Treffen mir gelingt.

Kapitel 37

Wenn der Schüler bereit ist

Oft hören oder lesen wir den Satz: „Wenn der Schüler bereit ist, tritt der Meister hervor." Wozu aber brauchen wir überhaupt einen Meister? Ich habe mir, zusammen mit vielen anderen, diese Frage oft gestellt. Als ich Sai Baba zum erstenmal besuchte, beschäftigte sie mich extrem. Im Zuge meiner eigenen Arbeit lernte ich, mich nur auf meine innere Weisheitsquelle zu verlassen. Trotz der immensen Attraktion, die Sai Baba auf mich ausübte, bereitete mir diese Frage Sorgen. Dann, eines Tages, kam ich ganz unerwartet zu der Erkenntnis, daß er unser Höheres Selbst in menschlicher Gestalt repräsentiert. Von dieser Zeit an hatte ich keine Probleme mehr damit.

Manche Menschen sind in der Lage, sich das Höhere Selbst formlos vorzustellen, aber für die meisten ist es viel leichter, mit einer lebenden, atmenden, sich bewegenden Person in Kontakt zu treten, die uns daran erinnert, daß auch wir im Kern unseres Wesens göttlich sind. Sai Baba ist also hier als lebendes Beispiel und führt uns vor, wie wir sein sollen, denn mit seiner Energie und seiner Liebe entzündet er den Funken der Göttlichkeit in jedem von uns. Dann kann er hell wie eine Flamme brennen oder uns wie eine Lampe unseren Weg beleuchten, aber auch anderen als Wegzeichen auf ihrer Reise nach innen dienen. Sobald dies aber geschehen ist, beginnt Sai Baba, uns aus der Bindung an seine menschliche Gestalt zu lösen, wie auch eine Tiermutter ihre Jungen entwöhnt, sobald sie sich so weit entwickelt haben, daß sie für sich selbst sorgen können und zunehmend selbständiger werden.

Unser allererstes Zusammentreffen mit Sai Baba oder anderen Lehrern ist also sehr bedeutsam. Sobald wir für die Lehre offen sind, taucht auch der richtige Lehrmeister auf, als ob er magnetisch zu uns hingezogen würde und wir zu ihm.

Aber wir alle haben es so eilig in dieser modernen Welt, in der wir leben, daß viele den ganzen Tag auf die Uhr schauen und besorgt darüber sind, daß sie nicht genügend Zeit haben für all die Vorhaben, die sie sich jeden Tag vornehmen.

Wenn wir auf der Autobahn fahren, fallen uns jene Autos besonders auf, die ständig die Spur für Überholmanöver wechseln und in der verzweifelten Bemühung, ein paar Minuten früher am Ziel zu sein, oft gefährlich nahe auf ihren Vordermann auffahren. Wenn im Verkehrsstau Hunderte von Autos Stoßstange an Stoßstange dahinkriechen, nimmt die Streßanfälligkeit der Fahrer alarmierend zu, man hört sie hupen, oder man sieht sie in eine Spur hineindrängen, die sich schneller fortzubewegen scheint als ihre eigene. Weil das Reisen immer mehr auch von Staus unterbrochen wird, vor allem zu den Berufsverkehrszeiten am frühen Morgen und späten Nachmittag, wird es immer schwieriger, die Fahrzeit genau abzuschätzen.

Dieser vermeintliche Druck zur Eile dringt in alle Lebensbereiche ein, und der innere Weg, die Suche nach der Identität, macht dabei keine Ausnahme. Wir alle halten heimlich Ausschau nach einem schnellen Abschluß, nach einem Zauberstab, nach sofortigem Erfolg und sofortiger Belohnung, und dies alles gibt unserem Monkey Mind noch mehr Energie. Aber die alten Traditionen legen Wert darauf, daß alles seinen richtigen Zeitpunkt hat und daß wir diesem Prinzip der richtigen Zeit folgen sollten, und weniger unserer Uhrzeit. Bei einem unserer Besuche bei Sai Baba trug ich eine Uhr ohne Zahlen auf dem Ziffernblatt. Sai Baba entdeckte die Uhr an meinem Handgelenk und trat auf mich zu. Er zeigte darauf und sagte dabei: „Sehr gut. Innere Zeit, nicht die Uhrzeit."

In der Natur ist es ganz klar, daß eine Frucht eine bestimmte Zeit zur Reife braucht, eine Blume Zeit zum Erblühen oder ein Kind Zeit, um Gehen zu lernen. Wenn wir die Frucht essen, bevor sie reif ist, bekommen wir Magenschmerzen. Wenn wir eine Blume brechen, solange sie noch eine feste Knospe ist, wird sie sich nie voll öffnen können. Wenn wir ein Kind zum Gehen zwingen, bevor seine Muskeln und sein Gleichgewichtssinn genügend ausgebildet sind, wird es hinfallen. Dies sind nur kleine Beispiele, aber wir alle wollen unser Wachstum manchmal schneller erzwingen, als dies möglich ist oder gesund wäre. Dasselbe trifft auf die innere Reise zum wahren Selbst zu. Wir sind alle in solcher Eile, die Erleuchtung mit einem großen Sprung zu erlangen, und sehen dabei nicht, daß es erst dann geschehen wird, wenn die Zeit dazu reif ist und wir gelernt haben, uns unserem Höheren Selbst zuzuwenden und schlußendlich mit ihm eins zu werden.

Da Sai Baba unser wahres Selbst repräsentiert, kennt er jeden einzelnen von uns im Innersten und sieht sofort, was wir zu einem bestimmten Zeitpunkt brauchen, um unsere Entwicklung und unser Wachstum voranzutreiben. Wir mögen den Eindruck haben, daß wir bereit sind und daß er zu uns sprechen sollte, aber nur er weiß, wann wir wirklich bereit sind. Weil er mit der Universellen Gotteskraft identisch ist, können wir ihm vertrauen und uns vor allem auf sein Timing verlassen, das im Gegensatz zu unserem genau und stimmig ist.

I love to watch you use your hands
So delicate and small,
Especially when your cymbals mark
The bhajan's rise and fall.

They look like little spirits
With a life style all their own,
As they dance with joy to hear you sing
And gaily mark each tone.

At times one hand will hover
Like a bird poised in midair,
And everyone will wonder
If the answer to a prayer

Will suddenly be visible,
As it circles round and round,
Then pounces quick to catch the gift
Before it hits the ground.

Will it be vibhuti
To ease some person's pain?
Or will it be a talisman,
Reminding them to call your name?

Ich sehe so gern das Spiel deiner Hände,
so feingliedrig, zart und klein,
vor allem wenn deine Zimbeln
den *bhajan*-Gesang begleiten.

Wie kleine Geister sehn sie aus,
als hätten sie ihr eigenes Leben,
wenn sie mit Wonne tanzen, wenn du singst,
und jeden Ton freudig begrüßen.

Manchmal bleibt eine Hand ohne Schwere
wie ein Vogel gebettet auf Luft,
und jeder wartet gespannt mit der Frage,
ob die Antwort auf ein Gebet

wohl plötzlich sichtbar wird,
wenn in Kreisen die Hand sich dreht,
und dann schnell nach der Gabe greift,
bevor sie zu Boden fällt.

Ist es vielleicht *vibhuti*
zu lindern jemandes Schmerz?
Oder ist es ein Talisman,
der an deinen Namen erinnert,

Whenever they're in trouble,
And their faith begins to fade,
So that you will be alerted
To hurry to their aid?

And then at times like butterflies
They unexpectedly alight
On head or hand or heart or arm
To ease a sufferer's plight.

So many people touch your feet
And press on them a kiss
But let us not forget your hands,
They too confer your bliss.

dich zu rufen in jeglicher Not,
wenn der Glaube zu wanken beginnt,
daß du auf den Plan treten kannst,
und dann schnell zu Hilfe kommst?

Dann sind sie wieder wie Schmetterlinge,
wenn keiner sie erwartet, lassen sie sich nieder
auf Köpfen oder Händen, auf Herz oder Arm,
und lindern die Qualen und Leiden.

So viele Menschen berühren deine Füße
und drücken darauf einen Kuß,
aber auch deine Hände sollen nicht vergessen sein,
die soviel Seligkeit schenken.

Kapitel 38

Die vielen Namen der Rose

Eines der Mittel, die uns Sai Baba in die Hand gibt, um den Monkey Mind zu besiegen, besteht darin, einen der vielen Namen zu wiederholen, unter denen Gott in den verschiedenen Teilen der Welt bekannt ist. Wenn der Mind beschäftigt gehalten wird, kann uns diese tägliche Übung zugleich dazu verhelfen, daß wir unserer wahren Identität stets bewußt sind, und uns zeigen, wo wir unsere wirkliche Sicherheit finden. Die unterschiedlichen Namen und Gestalten, die Gott in so vielen verschiedenen Traditionen erhalten hat, können dann zum Problem werden, wenn – wie die lange Geschichte der Religionskriege zeigt – jede Seite fest darauf besteht, daß ihr Gott den einzig richtigen Namen und die einzig wahre Gestalt habe. Wir dürfen dabei die Tatsache nicht vergessen, daß die Gotteskraft überall im Universum vorhanden und keineswegs auf einen Namen oder eine Gestalt festzulegen ist. Der Name, mit dem wir Gott anreden, oder die Gestalt, die wir dieser Kraft geben, und die Namen und Gestalten, die andere Kulturen dafür benützen, sie alle haben Gültigkeit für jene, die mit dieser namenlosen und gestaltlosen universellen Energie in Kontakt kommen wollen.

In der Vergangenheit waren sich viele religiöse Gruppen der Falle bewußt, die ein Name oder eine bildliche Darstellung Gottes für die Unbedachten darstellen kann. Um also spezifische Namen zu vermeiden, verwendeten sie Symbole, die in einem Bild oder in einer Form eine ganze Botschaft in sich vereinten, die das Unterbewußtsein versteht. So sind zum Beispiel zwei unterschiedliche Blumen als Symbole für den göttlichen Funken in jedem von uns in Gebrauch, andere nennen diesen Funken auch Geist oder Seele. Der Westen bevorzugt die Rose als gängiges Symbol, während im Osten der Lotos überwiegt.

Die Rose hat viele Eigenschaften, die sie auszeichnen, allen voran ihr Duft, der auch noch verweilt, wenn die Blume schon abgestorben ist. Seit Jahrhunderten werden abgefallene Rosenblätter zur Herstellung von Blütenessenzen verwendet, um damit Kleidungsstücken, Schränken und Räumen ihr fortdauerndes Aroma zu verleihen. Die Tatsache, daß die Rose Dornen hat, die sie vor Plünderern bewahren, ist ebenfalls bedeutsam. Unser wahres Selbst existiert gut geschützt und tief in uns verborgen und durchdringt doch jede unserer Zellen mit seinem Duft, gibt sich aber unnahbar, ehe wir nicht bereit sind, es in seiner Existenz anzuerkennen. Indem wir die vielen Dornen – unsere negativen Charakterzüge – entfernen, können wir dem perfekten Selbst, das wir seit jeher waren, näherkommen und unser Leben von seinem Duft durchdringen lassen. In jedem blüht genau die gleiche Rose – schön und wohlduftend – und sie wird das weiter tun, wenn wir ihr einen anderen Namen gäben. Wie Gertrude Stein dies so treffend einfach formulierte: „Eine Rose ist eine Rose, ist eine Rose, ist eine Rose."

Der Lotos, die Blume, die der Osten als Symbol für das Göttliche in allem vorzieht, drückt dieselbe Bedeutung auf andere Art aus. Der Lotos hat seine Wurzeln im Schlamm des Teiches, in dem er wächst. Das Bild des Teiches symbolisiert oft das Unterbewußtsein, das Erinnerungen, Gefühle und Erfahrungen birgt, die wir vergessen haben, sei ihr Inhalt nun positiv oder negativ.

Der Lotos durchstößt die Wasseroberfläche und entfaltet an der Luft, im Licht der Sonne, seine reine Blüte, die keine Spur des Schlamms mehr zeigt, aus dem er sich erhoben hat.

„Wenn eine Rose, die nicht Rose heißt, den gleichen Duft verströmte..." heißt es in Shakespeares *Romeo und Julia*. Kann das nicht auch auf Gott zutreffen, wenn man ihn mit einem der vielen Namen anredet, die in der ganzen Welt für ihn kursieren? Wir haben die Wahl und können jeden Namen wählen, den wir mögen, wenn wir den Monkey Mind kontinuierlich damit beschäftigt halten wollen, um ihn auf diese Weise von seiner Bindung an Symbole der Sicherheit in der materiellen Welt zu entwöhnen.

Sai Baba empfiehlt uns auch, die Form unseres Gottessymbols zu visualisieren. Aber auch hierbei stellen sich viele Fragen. Die meisten Namen sind Wesen zugedacht worden, die nicht mehr in menschlicher Gestalt existieren. Sai Baba hingegen ist sehr lebendig und für uns alle sichtbar. Andererseits sagt er uns, wir sollen uns nicht an seine Gestalt binden, sondern an das, was sie symbolisiert: das Höhere Selbst in unser aller Herzen. Der Mensch neigt dazu, sich eine sichtbare Form zu schaffen, die das Objekt seiner Verehrung realer macht. Und er tut dies solange, bis er ein abstraktes Konzept von Gott, nämlich Gott als Energie, akzeptieren kann.

Sai Babas Rezept gegen den Monkey Mind besteht in der Abwendung von der äußeren Welt und der Hinwendung zu dem, was in unserem Herzen wohnt; dazu dürfen wir den Namen benutzen, den wir uns dafür wählen und die Form, die wir dafür gerne visualisieren. Diejenigen von uns, die sich unter Sai Babas Obhut begeben haben, finden es ganz natürlich, seinen Namen und seine Gestalt zu verwenden, aber er besteht darauf, daß dies nicht für alle notwendig sei. Das einzig Wichtige ist, sich daran zu erinnern und diese Methode auch anzuwenden. Sai Baba illustriert die Wendung nach innen mit dem Bild des Schlüssels. Jeder von uns besitzt einen Schlüssel. Drehen wir ihn in die eine Richtung, dann binden wir uns an die Welt mit all ihren vergänglichen Sicherheitssymbolen. Drehen wir ihn aber in die andere Richtung, dann verbinden wir uns mit unserem wahren Selbst. Es liegt bei uns, für welche Richtung wir uns entscheiden.

So laßt uns also Babas Rat befolgen und alle Pläne verwerfen, die uns das Ego eingegeben hat. Dies ist das Rezept für eine praktische Spiritualität, die uns helfen wird, den Monkey Mind zu zähmen oder zu überwinden. Dann können wir das erreichen, was Hanuman erreicht hat, nämlich Diener Ramas zu sein, oder welchen Namen wir auch immer für den Gott wählen, der wir in Wirklichkeit sind. Wenn nur einige wenige Menschen dieser Erde sich diese Lebenspraxis aneignen würden, dann wäre die Hoffnung auf eine neue Weltordnung kein unerfüllbarer Traum.

For many lifetimes I have tried,
As each new life I entered,
To do those tasks allotted me,
But I was too self-centered.

As I look back I clearly see
How foolish I have been,
For how could I expect success
While living in a dream?

When I awoke and realized
That life was more than this,
I sought for the reality
I'd heard confers pure bliss.

The many names of God I learned,
And one by one I tried
To shift my burdens onto them,
But seeking them outside.

My next discovery was that God
Inside of me did dwell,
But in which part of me He lived
I simply could not tell.

So viele Leben hab ich schon gelebt,
und mit jedem neuen Leben
versuchte ich, die Aufgaben zu meistern,
die es mir stellte, aber ich sah nur mich.

Im Rückblick wird mir nun ganz klar,
wie illusorisch all das war,
denn wie konnte ich auf Gelingen hoffen,
da ich doch in einem Traum lebte?

Als ich dann aufwachte und erkannte,
daß das Leben mehr war als ein Traum,
machte ich mich auf die Suche nach jener Realität,
die, wie ich hörte, reine Wonne ist.

Ich hörte die vielen Namen Gottes
und probierte einen nach dem andern aus.
Meine Last wollte ich ihnen übergeben,
aber ich suchte sie im Außen.

Als nächstes entdeckte ich,
daß Gott in mir selber wohnt,
aber in welchem Teil ich ihn auch suchte,
ich konnte ihn nicht finden.

So finally I just gave up
And begged that He seek me,
And show me how to change my life
To live successfully.

And then I read of Baba,
Who must have heard me call,
So off I went to visit him
And at his feet to fall.

Since then He's shown me clearly
That I must do my part
And enter every phase of life,
Knowing God is in my heart.

So now I'll try to live my life,
Not with my human will,
But seeking inner guidance
When my busy mind is still.

How often when I stumble,
If the name of God I sing,
He and I together
Can handle anything.

Und schließlich gab ich auf
und bat, daß er mich finde,
und mir dann zeige, wie ich mich verändern soll,
damit mein Leben mir gelänge.

Dann las ich von Sai Baba,
der mein Rufen auch vernahm;
ich machte mich auf den Weg zu ihm
und fiel zu seinen Füßen.

Und seitdem hat er mir gezeigt,
was mein Anteil ist in jeder Phase
meines Lebens, den ich erfüllen muß,
wobei ich weiß, daß Gott in meinem Herzen
wohnt.

Und nun versuche ich, mein Leben
nicht nach meinem menschlichen Willen zu leben,
sondern nach der Führung, die von innen kommt,
wenn mein geschäftiger Geist schweigt.

Oft wenn ich strauchle,
erfahr ich aufs neu, daß alles gelingt,
wenn ich den Namen Gottes sing',
und zusammen mit Ihm die Dinge angeh'.

Kapitel 39

Geh und tu es!

Trotz meines überaus aktiven Lebens und meiner vielen Reisen war das Buch zu meiner großen Überraschung und Erleichterung noch fast im gleichen Jahr fertiggestellt, wie es Baba angeordnet hatte. Es fehlten lediglich noch zwei oder drei Kapitel – darunter auch dieses –, die ich noch nach der Rückkehr von unserem Besuch bei ihm zu schreiben hatte. Zugegeben, ich schrieb an dem Buch mal hin und wieder, wie ich eben Zeit hatte, aber immer nur dann, wenn es frei aus Sai Babas Feder floß, denn er schien seinem eigenen Zeitplan und seiner eigenen Ordnung zu folgen. Mein Mann Sidney und ich planten also, Sai Baba das Manuskript gemäß seinen Anweisungen zur Segnung zu bringen, rechtzeitig zur Eröffnung des neuen Krankenhauses am 22. November 1991, am Tag vor seinem nächsten Geburtstag.

Die Vorbereitungen zu diesem Besuch waren ein echtes Meisterstück, denn ich hatte nur eine Woche dafür Zeit, da ich gerade von einer Vortrags- und Seminarreise aus Europa zurückgekommen war. Aber wie das so ist, wenn wir der inneren Führung folgen und uns entspannen und dem Höheren Selbst die Leitung überlassen: Es klappte alles wie am Schnürchen. Wir kamen gerade rechtzeitig zur Eröffnungszeremonie im Ashram an.

Dieses Mal wollten wir nur zehn Tage im Ashram bleiben. Sobald also die Feierlichkeiten vorüber waren, beschloß ich, das sperrige Manuskript zu den täglichen *darshans* mitzunehmen, damit ich es dabeihatte, wenn Sai Baba bereit war, es in Empfang zu nehmen. Was ich nicht wußte, war, daß Sai Baba mir bei diesem Besuch aufs Zahnfleisch fühlen würde. Ich hatte ein Buch über den Monkey Mind geschrieben, aber würde ich auch in der Lage sein, direkt unter den Augen Sai Babas zu praktizieren, was ich predigte, und inmitten einer riesigen Menge von Devotees meinen eigenen Monkey Mind unter Kontrolle halten können?

Tagelang schickte Sai Baba nicht einmal einen Blick in meine Richtung, während er anderen – darunter meinem eigenen Ehemann – sogar Interviews gewährte. Einigen Damen überreichte man Saris, vielen unserer Freunde gewährte er *padnamaskar* (Berührung der Füße) und andere Aufmerksamkeiten. Ich war gezwungen, meine Reaktionen genauer als je zuvor zu beobachten und mit absoluter Ehrlichkeit. Wie sahen jetzt, in diesem Moment, meine Gefühle aus? Sai Baba hatte mir bei meinem letzten Besuch gesagt, daß ich ein weiteres Buch schreiben würde, obwohl ich bis dahin nicht die Absicht gehabt hatte, dies zu tun. Nun, da ich es geschrieben hatte und ihm zur Segnung brachte, wie er dies verlangt hatte – wie fühlte ich mich jetzt, wo er mich so völlig ignorierte? Zuerst fragte ich mich, ob ich neidisch oder eifersüchtig auf die war, denen er seine Gunst erwies. Auf diese Frage konnte ich ehrlich sagen: „Nein", denn ich wußte sehr gut, daß ich nur will, was für mich vorgesehen ist, und dies muß nicht dasselbe sein, was jemand anderes braucht. Ich war sicher, daß ich jenen Leuten nicht mißgönnte, was Sai Baba ihnen gegeben hatte, nein, tatsächlich konnte ich ihr Glück teilen, denn ich kannte die freudige Erregung, die man hat, wenn einem Sai Baba etwas schenkt.

Dann wurde mir plötzlich klar, daß mich die Ungewißheit darüber verwirrte, was ich falsch gemacht hatte oder wo ich versagt hatte. Vielleicht entsprach das Buch nicht Sai Babas Wünschen. Aber dann erinnerte ich mich daran,was er gesagt hatte, als ich ihm ein vorläufiges Manuskript präsentiert hatte. Als er es in Empfang nahm, fragte ich, ob es seinen Wünschen entspräche. Er bohrte seinen durchdringenden Blick in mich hinein und sagte, wobei er mit dem Finger auf mich zeigte: „Falsch. Ist es so geworden, wie *Sie* es sich vorstellten?", und dabei schaute er tief in mein wahres Ich. Mit anderen Worten, er ermahnte mich, nicht darauf zu vertrauen, daß mir seine äußere, physische Form die gewünschte Antwort geben würde, vielmehr sollte ich mein inneres Selbst konsultieren.

Wenn also dies nicht das Problem war, was war es dann? Mein Monkey Mind ließ nicht locker, und die Fragen jagten nonstop durch meinen Kopf. Nach längerer Seelenforschung fand ich mich plötzlich und ohne Vorwarnung in meine Kindheit zurückversetzt. Ich erkannte die Gefühle, die ich hatte, sofort wieder, sie waren mir so vertraut und doch so fern. Es waren dieselben, unter denen ich meine ganze Kindheit hindurch gelitten hatte. Nie hatte mir meine Mutter, wenn sie mich bestrafte, gesagt, womit ich diese Strafe verdient hätte, was ich Schlimmes getan hatte, was ich nicht perfekt gemacht hatte oder was ich vergessen hatte zu tun. Sie enthielt mir nicht nur den Grund für die Strafe vor, auf meine Frage nach diesem Grund warf sie mir sogar vor, „impertinent" zu sein, eine Todsünde in ihrer Sicht der Dinge. Obwohl ich nicht die geringste Vorstellung von der Bedeutung jenes Wortes hatte, wurde ich für das erneute Fehlverhalten aufs neue bestraft. Ich lernte also, keine Fragen mehr zu stellen, was dazu führte, daß mir die unbeantworteten Fragen im Kopf herumschwirrten. Demzufolge ging ich durch meine Kindheit wie auf dünnem Eis oder auf rohen Eiern, fühlte mich nie sicher und erwartete jeden Moment, für einen mir unbekannten Fehler bestraft zu werden.

Zu entdecken, daß dieses kleine Mädchen immer noch in mir am Leben war und immer noch so reagierte wie vor so vielen Jahren, war in der Tat ein Schock. Ich wollte nichts mehr mit ihm zu tun haben. Es war ein Quälgeist (eine Bezeichnung, die meine Mutter oft gebrauchte, als ich noch ein Kind war). Wo war das Selbstvertrauen, das wir laut Sai Baba entwickeln sollen, jetzt, da er da ist, um uns beizubringen, wer wir wirklich sind? Es hatte sicherlich nichts mit diesem unsicheren und verwirrten kleinen Mädchen zu tun. Ebenso schockiert war ich, daß mir, nachdem ich so lange daran gearbeitet hatte, die verborgenen Anteile meiner Persönlichkeit zu erforschen, dieser wichtige Teil entgangen war. Wie konnte er sich so lange meiner Aufmerksamkeit entziehen? Und dann wußte ich ohne den geringsten Zweifel, daß dies der perfekte Zeitpunkt war und daß Sai Baba, ein Meister des richtigen Timing, mir eine Gelegenheit bot, sie ins Licht des Bewußtseins heraufzuholen, während ich in der Nähe seiner wunderbar liebevollen und nährenden Energie war. Aber jetzt, da mir dies gelungen war, was sollte ich mit dem kleinen Mädchen anfangen?

Als Antwort auf diese Frage hob ich es (bildlich gesprochen) ganz spontan auf und übergab es an Sai Baba mit der aufrichtigsten Bitte, mir zu helfen, daß ich mich von ihm lösen konnte und von allen weiteren Einflüssen, die es auf mein Leben hatte, vor allem auf die Beziehung zu ihm, denn Sai Baba symbolisiert für mich auch die liebende Mutter, die ich, wie viele andere auch, nie hatte. Abgesehen von dem Göttlichen Selbst, das wir alle in Wirklichkeit sind und das er in menschlicher Gestalt repräsentiert, symbolisiert Sai Baba auch für jeden von uns die liebende Mutter – oder den liebenden Vater. Wenn wir aber ein Bild auf ihn projizieren, das dem unserer Eltern ähnelt, wie wir sie früher sahen, wird er uns unweigerlich den Spiegel vorhalten, um uns zu zeigen, daß wir ihm gegenüber genauso reagieren, wie wir es mit einem unserer Elternteile getan haben. Es war eine herrliche Erleichterung, von diesem Aspekt meiner Kindheit befreit zu sein. Was für ein wunderschönes Geschenk, das mir Sai Baba gemacht hatte! Ähnliche Geschenke macht er jedem, der mit dieser Methode arbeiten möchte, sofern man ihn darum bittet.

Die Prüfung war aber noch keinesfalls überstanden. Meine Fragen gingen unvermindert weiter. Konnte ich ruhig bleiben, wenn Sai Baba uns nicht zu sich rief? In diesem Falle müßte ich, ohne seinen Segen für das Buch erhalten zu haben, nach Hause zurückkehren. Und wie würde ich mich fühlen, wenn es ohne seine Billigung erscheinen würde? Dann fiel mir ein, was er Sidney gesagt hatte, als dieser in einem vorangegangenen Interview Sai Baba gefragt hatte, ob er mich rufen solle: „Nicht jetzt. Ich werde sie später sehen." So mußte ich darauf vertrauen, daß er sein Versprechen hielt.

Die Tage flogen dahin, und unser Aufenthalt näherte sich dem Ende. An unserem letzten Tag bestand Mrs. Hejmadi, die Leiterin der freiwilligen Helfer, darauf, daß ich einen Platz an vorderster Stelle bekommen sollte, wo mich Sai Baba nicht übersehen konnte, wohlwissend, daß wir nach dem morgendlichen *darshan* abreisen wollten – denn es würde meine letzte Chance sein, das Buch an Sai Baba zu übergeben. Sie wies meine Einwände zurück und versicherte mir, daß seine Devotees ihn immer wissen ließen, daß sie kurz vor der Abreise ständen. Ich saß also da, wo sie mich hingesetzt hatte, mein Manuskript sicher an meiner Seite verstaut, so daß es keiner sehen konnte. Sobald Sai Baba erschien, ging er direkt auf die Stelle zu, an der ich saß, und sagte mit einem süßen Lächeln, als ob er mich zum allerersten Mal sähe: „Ja, Mrs. Krystal, und wo ist das Buch?" Als ich es zu ihm hochhielt, lächelte er wieder und sagte: „Sehr, sehr glücklich." Dann drehte er sich schnell um und setzte seinen Weg entlang der langen Reihen von Devotees fort, die seinen *darshan* erwarteten. Am Ende des *darshans* rief er eine größere Gruppe zum Interview zu sich, was für die meisten der anderen das Signal zum Aufbruch war.

Was sollte ich nun tun? An dieser Stelle übernahm mein Monkey Mind wieder das Zepter. Anstatt das kleine Flugzeug nach Bangalore zu nehmen und damit die dreieinhalbstündige Fahrt über schlechte Straßen zu vermeiden, konnten wir im Taxi zurückfahren, das wir für unser Gepäck bestellt hatten. Wenn wir erst nach dem Nachmittags-*darshan* abreisen würden, hätte ich noch einen Chance, Sai Baba das Buch zu überreichen. Ich war immer noch dabei, diese beiden Pläne gegeneinander abzuwägen, als Mrs. Hejmadi herbeieilte und mir mitteilte, ich solle bleiben. Sie erklärte mir, daß die große Gruppe, die Sai Baba für ein Interview geladen hatte, die Ärzte und Krankenschwestern des neuen Krankenhauses seien. Und weiter sagte sie, daß Sai Baba manchmal noch eine zweite Gruppe hereingerufen hätte, und daß es immer noch eine Chance gäbe, aufgerufen zu werden, sobald die erste Gruppe wieder herauskäme. Also blieb ich sitzen, während viele andere gingen, um eine Pause einzulegen und etwas zu essen. Der Nervenkrieg ging weiter! Als ich dort so saß, versuchte ich, so ruhig wie möglich alles zu akzeptieren, was passieren könnte, und wiederholte im stillen wie ein Mantra: „Laß los. Vertraue. Nimm an!"

Nach einer Zeit, die mir wie Stunden vorkam, begannen die Leute wieder einzutröpfeln und auf den Beginn des *bhajan*-Singens zu warten. Schließlich kam auch die Medizinergruppe heraus, genau als die *bhajans* anfangen sollten, und ich sah Sidney aufstehen und die Veranda verlassen. Offensichtlich war er der Meinung, daß Sai Baba uns nicht mehr sehen würde. Mir sank das Herz, und genau in diesem Moment tauchte Sai Baba auf und rief Sidney zu, doch zurückzukommen und mir ein Zeichen zu geben, daß ich mitkomme.

Eine Welle der Erleichterung durchlief mich, als ich mit Mrs. Hejmadi so schnell ich konnte den *darshan*-Platz durchquerte, der mir mehrere Meilen breit vorkam. Sai Baba beschwerte sich, daß ich zu langsam sei, und drängte mich zur Eile. Dann fragte er mich mitten auf der Veranda nach dem Buch, das ich ihm dankbar aushändigte. Dann fragte er mich nach dem Titel und bestand darauf, daß ich ihn dreimal wiederholte, wobei er mich aufforderte, jedesmal lauter zu sprechen. Als nächstes fragte er mich nach den Titeln der drei vorangegangenen Bücher und ließ mich auch diese Titel dreimal wiederholen, wobei er wieder darauf bestand, daß ich jedesmal lauter sprach, so daß es alle um uns herum hören konnten. Kann man jemandem auf bessere Weise Selbstvertrauen geben, dem es immer so sehr daran gemangelt hat?

Während sich diese kleine Szene abspielte, dachte ich bei mir, daß dies nun unser Interview sei: hier draußen, unter den Blicken von Tausenden von Besuchern. Als uns Baba dann in den Interviewraum hereinwinkte, war ich wirklich überrascht. Er sah mich zögern und mahnte mich wieder zur Eile. Das Interview, das dann folgte, war eines der seltsamsten, die ich je erlebt habe. Erstens hatten die *bhajans* schon begonnen und waren so laut, daß es schwierig war, Sai Babas sanfte

Stimme zu hören, als er zu uns sprach. Als es dann Zeit war, die Fragen zu stellen, die ich mir auf einem Zettel herausgeschrieben hatte, konnte ich meine Lesebrille nicht finden. Nachdem ich vergeblich gesucht hatte, reichte ich die Liste an Sidney weiter und bat ihn, sie laut für mich vorzulesen. Aber Baba riß mir die Liste aus der Hand und las die Fragen, dabei murmelte er die Antworten mit so sanfter Stimme, daß ich weder hören noch verstehen konnte, was er sagte, vor allem, da der Lärm des *bhajans*-Singens in meinen Ohren hallte. Nach einer kurzen Diskussion über das Buch, meine Pläne für 1992, die Familie und andere Angelegenheiten wandte sich Baba plötzlich um, schaute mich durchdringend an und befahl mit lauter und mächtiger Simme: „Go and do! Geh nun und tu es!"

Zufällig hatte ich ein paar Tage vor diesem Interview mit einem deutschen Devotee gesprochen, der erwähnte, daß eines der Lieder, die zwei Jahre zuvor anläßlich einer Sai-Konferenz in Hamburg gesungen wurden, auf etwas basierte, was Baba ihm in einem Interview gesagt hatte, es war: Go and do. Seit ich es zum erstenmal singen hörte, ist es eines meiner Lieblingslieder geblieben. Und jetzt gab mir Baba dieselbe Anweisung: „Go and do." Mit diesen Worten, die in meinem Kopf widerhallten, beendete Sai Baba das Interview, aber zuvor gewährte er mir noch ein *padnamaskar.* Daraufhin legte er seine Hände fest auf unsere Köpfe und gab uns *vibhuti,* dann entließ er uns. Mit leichtem Schwindelgefühl ging ich zu meinem Platz zurück, wobei ich mich durch die Reihen der sitzenden Devotees schlängelte, die sich in alle Richtungen ausbreiteten. Wie immer in einem Interview war mein Mind völlig ausgeschaltet gewesen und er war es noch, aber dieses Mal noch mehr. Nach Beendigung der *bhajans* eilten wir zu unserem Zimmer zurück, packten die letzten Utensilien ein und machten uns auf den Weg nach Bangalore, um unseren Heimflug anzutreten.

Erst als ich zuhause ankam und in der Lage war, auf diesen letzten Besuch zurückzublicken und mehr Abstand zu allem zu finden, was passiert war, wurde mir Sai Babas Botschaft noch klarer. Weil es für viele andere ebenfalls von praktischem Nutzen sein könnte, beschloß ich, diese Erkenntnisse weiterzugeben. Es war faszinierend, daß ein paar Leute, die eine Sitzung bei mir hatten, davon sprachen, daß sie sich immer noch wie Kinder benähmen, und dabei wußten sie nichts von meinen jüngsten Erfahrungen und den daraus resultierenden Erkenntnissen! Und einige Devotees sagten sogar, daß sie langsam bemerken, wie sie die Erinnerungen an die Haltung ihrer Väter oder Mütter ihnen gegenüber auf Sai Baba projizieren und oft auf ihn in der gleichen Weise reagieren wie vormals auf ihre Eltern.

So kann das Bild des verwirrten kleinen Mädchens, das nie wußte, warum es bestraft wurde, jetzt anderen helfen, deren Kindheitsmuster genauso darauf warten, wie ein Schachtelmännchen aufzufedern, wenn die Umstände eine solche Reaktion auslösen. Natürlich sind nicht alle kindischen Anteile in anderen Menschen notwendigerweise gleichgeartet wie der, den ich in mir selbst entdeckte. Die Charakteristika hängen von dem internalisierten Bild des jeweiligen Elternteils ab und den entsprechenden Reaktionen, die jeder Erwachsene aus seiner Kindheit beibehalten hat.

Eine weitere Erkenntnis, die mir eines Tages jäh dämmerte, drehte sich um die Frage, warum Sai Baba mich zur Eile aufforderte, als ich zu ihm hinging so schnell ich konnte, und auch, warum er darauf bestand, daß ich lauter sprechen sollte. Auch dies war typisch für die Art und Weise, wie meine Mutter mich behandelte, und auch darin imitierte er ihr Verhalten, damit ich sehen konnte, wie ich auch heute noch als das kleine Mädchen reagiere. Ich begann auch folgendes zu erkennen: Weil mir nie gesagt wurde, aus welchem Grund ich bestraft wurde, dachte ich später, alle andern seien im Recht und wüßten viel mehr als ich. Und so wurde für mich jeder andere zur Autoritätsfigur. Kein Wunder, daß ich mich immer viel wohler fühlte, wenn ich still und unsichtbar im Hintergrund blieb. Sai Baba hat mich die ganze Zeit darin unterstützt, diese Gewohnheit zu beenden, indem er mich immer wieder aus dem Schatten ins Rampenlicht zwang, auch wenn das für mich äußerst unangenehm war. Dieses letzte Interview war dafür ein gutes Beispiel. Wie geduldig er doch mit uns allen ist, und wie langsam manche von uns begreifen, wovon er spricht, und wie zögerlich wir uns oft von diesen alten Mustern verabschieden und uns auf das einlassen, was er uns immer sagt: Daß wir alle göttlich sind und keineswegs unzulängliche Kinder.

Wir müssen uns also loslösen von allem und jedem, was uns vom Vertrauen auf unser wahres Selbst abzuhalten vermag. Und wir müssen Selbst-Vertrauen entwickeln, daß wir nicht die Anerkennung für das, was wir tun, und das, was wir sind, bei anderen suchen müssen, auch nicht bei Sai Baba. Denn gerade er will, daß jeder von uns seine Lehren verantwortlich in die Praxis des eigenen Lebens umsetzt und die eigene wahre Identität nicht vergißt und auch nicht zuläßt, daß der Monkey Mind uns daran hindert, die Führung im eigenen Innern zu finden. Dann können wir das tun, was Baba uns heißt zu tun: „Sei dein eigener Guru, dein eigener Lehrmeister. Du hast eine Lampe im Innern. Mach sie an und geh ohne Furcht deinen Weg."

So wollen wir denn Sai Babas Weckruf beherzigen und den Mut haben und „Gehen und es tun".

Tread lightly on the days stretched out ahead of you.
Leave as little mark as possible on your own ego self.
Let the light from within enclose each day.
And when it is finished, blow it away as you would
a soap bubble
And move forward unencumbered by old memories,
mistakes and successes.
This is the way to peace.

Geh leichten Fußes durch die Tage, die noch
vor dir sind.
Laß möglichst wenig Spuren an deinem Ego-Ich
haften.
Und laß dein inneres Licht jeden einzelnen Tag
umhüllen.
Und wenn es zu Ende ist, dann blase es fort
wie eine Seifenblase
und geh vorwärts, unbelastet von alten Erinnerun-
gen, Erfolgen und Fehlschlägen.
Dies ist der Weg zum Frieden.

Erklärung der Sanskrit-Begriffe

ahimsa das Prinzip der Gewaltlosigkeit

amrita göttlicher Nektar

ashram Einsiedelei oder Wohnort eines spirituellen Meisters, an dem sich dessen Schüler und Anhänger versammeln, um seine Lehren zu hören und seinen Segen zu empfangen

atman die göttliche Essenz in allem, das höchste Prinzip des Lebens

bhajans Gesänge der Verehrung und der Anbetung, ähnlich Kirchenliedern des Christentums

darshan den Segen empfangen beim Anblick des Meisters

dharma rechtmäßige, göttliche Ordnung und ethische Lebensführung.

gunas drei Grundeigenschaften in allen Lebewesen: sattva, rajas und tamas (rein und klar; leidenschaftlich und aktiv; träge und unwissend)

japamala eine Kette von Gebetsperlen, ähnlich dem christlichen Rosenkranz. Sie enthält 108 Perlen zum Zählen der Gebete.

kali yuga das letzte der vier Zeitalter oder Yugas, die sich in einem Kreislauf abwechseln. Das kali yuga, in dem wir uns gegenwärtig befinden, ist das dunkelste von allen, sowohl für den einzelnen als auch für die ganze Erde.

maya Täuschung, Illusion, Schein

padnamaskar das Berühren der Füße des Meisters oder Lehrers. Mit anderen Worten: das Ego verneigt sich vor dem inneren Meister.

prema bedingungslose Liebe für jeden, absolut frei von jeder Bindung.

rajasisch die Eigenschaft, leidenschaftlich und aktiv zu sein. Dies gilt für das Verhalten einer Person, als auch für Nahrungsmittel, die anregen.

sadhu eine heilige Person oder eine fortgeschrittene Seele, die sich ganz dem Weg nach innen gewidmet hat.

sattvisch ruhig, unbewegt und voller Friede.

satya reine, ewige Wahrheit

shanti Friede, auch Friede des Geistes

tamasisch träge, schwer und faul, Eigenschaften des Charakters und Verhaltensweisen, bzw. Eigenschaften von Lebensmitteln und Gewürzen, die solches Verhalten fördern.

vibhuti geweihte Asche mit heilender Wirkung

yajna Opfer, Ritual, Gottesdienst

PHYLLIS KRYSTAL ist Psychotherapeutin. Sie wurde in England geboren, lebt aber in Californien, wo sie ihre eigenen psychotherapeutischen Techniken entwickelt hat. In über vierzig Jahren entstand eine Imaginationsmethode, die Symbole und Visualisierungstechniken verwendet, welche den Menschen dabei helfen, sich von Autoritätspersonen und -mustern zu lösen, um dann auf ihr eigenes Höheres Bewußtsein als Führer und Lehrer zu vertrauen. Um ihre Methode zu lehren, hält Phyllis Krystal Vorträge und Seminare in den USA und in vielen anderen Ländern der Erde. Sie ist eine Devotee von Sathya Sai Baba, einem Weltlehrer, der in Indien lebt und dessen Lehren und persönlicher Einfluß Inspiration für sie sind. Sie ist die Autorin von *Die inneren Fesseln sprengen* und *Lösung aus kollektiven Bindungen.* Ein drittes Buch: *Sai Baba: Ziel aller Reisen* ist im Verlag Sathya Sai Vereinigung e.V. erschienen.

Auswahl deutschsprachiger Literatur von und über Sathya Sai Baba

Sathya Sai Baba: Besinnung auf Gott (Dhyana Vahini). Über den Prozeß der wirklichen Meditation. 128 S., kart., ISBN: 3-924739-32-3

Sathya Sai Baba: Strom des Friedens (Prashanti Vahini). Sathya Sai Baba lehrt uns das Geheimnis des Friedens. 116 S., kart., ISBN: 3-924739-33-1

Sathya Sai Baba: Lebe die Liebe (Prema Vahini). Über die höchste Form der Liebe: die gesamte Schöpfung als Einheit zu sehen und sie zu bejahen. 134 S., Lein., ISBN: 3-900790-00-0

Sathya Sai Baba: Quellen der Weisheit (Sutra Vahini). "Sutra" bedeutet: "Das, was mit wenigen Worten tiefe Bedeutung enthüllt". Erläuterungen zu den Brahma Sutras. 68 S., kart., ISBN: 3-924739-27-7

Sathya Sai Baba: Erziehung zur Selbsterkenntnis (Vidya Vahini). Sathya Sai Baba erklärt die Grundprinzipien des Wissens und weist auf die Verbindung von Erziehung und Geisteswissenschaft hin. 104 S., kart., ISBN: 3-924739-55-2

Sathya Sai Baba: Mensch und göttliche Ordnung (Gita Vahini). Erklärende Ausführungen Sathya Sai Babas zur Bedeutung der Bhagavad Gita. 216 S., kart., ISBN: 3-924739-60-9

Sathya Sai Baba: Ewige Wahrheiten (Bharatiya Paramartha Vahini und Sathya Sai Vahini). Sathya Sai Baba vermittelt die Weisheit der Veden und ihre Bedeutung für den Erkenntnis- und Lebensweg. 192 S., kart., ISBN: 3-924739-59-5

Sathya Sai Baba: Erfüllung in Gott (Bhagavata Vahini). Sai Babas Version des berühmtesten der 18 Puranas. 244 S., kart., ISBN: 3-924739-78-1

Sathya Sai Baba: Antworten (Lila Kaivalya Vahini, Prashnottara Vahini, Sandeha Nivarini). Anworten Sai Babas, die zeitlos, unveränderlich und universal gültig sind. 188 S., kart., ISBN: 3-924739-87-0

Sathya Sai Baba: Hinführung zum Höchsten Wissen (Upanishad-Vahini). Erläuterung der tiefgründigen Wahrheiten der Upanishaden, die zur Selbstverwirklichung führen. 96 S., kart., ISBN: 3-924739-88-9

Sathya Sai Baba: Strom der Erkenntnis (Jnana Vahini). In diesem Buch zeigt Sathya Sai Baba den Weg zu der höchsten Erkenntnis, daß alles, was existiert, seinem Wesen nach göttlich und eins mit Gott ist. 73S., kart., ISBN 3-924739-96-X

Sathya Sai Baba: Die Geschichte von Rama – Strom göttlicher Liebe (Rama Katha Rasa Vahini). Sai Babas Version des Ramayana ist ein Allheilmittel für die Beseitigung all der Krankheiten, die der Verwirklichung des Selbst entgegenstehen. Bd. 1 340 S., kart., ISBN: 3-924739-75-7; Bd. 2, 240S., kart., ISBN: 9-924739-79-X

Sathya Sai Baba: Sathya Sai Baba spricht - Bände 1-6; 9-11. Reden Sathya Sai Babas zu verschiedenen Anlässen. Kart. Bd. 1 (Reden 1953-60), 188 S., ISBN: 3-924739-16-1; Bd. 2 (Reden 1960-62), 176 S., ISBN: 3-924739-48-X; Bd. 3 (Reden 1963-64), 184 S., ISBN: 3-924739-49-8; Bd. 4 (Reden 1963-65), 272 S., ISBN: 3-924739-43-9; Bd. 5 (Reden 64-67). 248 S., ISBN: 3-924739-50-1; Bd. 6 (Reden 1967-68), 248 S., ISBN: 3-924739-29-3; Bd. 9 (Reden 1974-75), 208 S., ISBN: 3-924739-07-2; Bd. 10 (Reden 1975-80), 248 S., ISBN: 3-924739-30-7; Bd. 11 (Reden 1979-82), 232 S., ISBN: 3-924739-53-6. Übrige Bände folgen.

Sathya Sai Baba: Sommersegen in Brindavan (Summershowers). Vorträge vor Schülern und Studenten in Brindavan, die in die Wahrheit und Weisheit der indischen Kultur einführen und in denen Sathya Sai Baba seine Botschaft der Liebe erläutert. Bro. Bd. 1 (1972), 176 S., ISBN: 3-924739-19-6; Bd. 2 (1973), 228 S., ISBN: 3-924739-14-5; Bd. 3 (1974), 180 S., ISBN: 3-924739-41-2; Bd. 4 (1977), 176 S., ISBN: 3-924739-62-5; Bd. 7 (1990). 128 S., ISBN: 3-924739-80-3

Sathya Sai Baba: Bhagavad Gita. Vorträge Sathya Sai Babas zur Gita. Zsgst. u. bearb. von A. Drucker. 304 S., bro., ISBN: 3-924739-42-0

Sathya Sai Baba: Der Weg nach Innen - Sadhana. In einer Zusammenstellung wichtiger Auszüge aus Reden Sathya Sai Babas erfährt der Suchende, wie er auf dem Pfad geistiger Übungen (sadhana) göttliches Bewußtsein verwirklichen kann. 256 S., bro., ISBN: 3-924739-15-3

Sathya Sai Baba: Entdecke die Quelle der Glückseligkeit - Aussagen von Sathya Sai Baba zur Einführung in seine Lehre und deren Vertiefung. Zsgst von T. Rupflin. 506 S., Loseblatt-Werk im Ordner, ISBN: 3-924739-89-7

Sathya Sai Baba: Meditation. Aussagen Sathya Sai Babas zur Praxis der Meditation. 160 S., bro., ISBN: 3-924739-76-5

Sathya Sai Baba: Der Königliche Weg. Ansprachen von 1966 – 1990 zum Thema Seva – Selbstloses Dienen. 319 S., kart., ISBN: 3-900790-03-5

Sathya Sai Baba: Einheit ist Göttlichkeit (Unity is Divinity). Auszüge aus Reden und Schriften Sathya Sai Babas. 164 S., Leinen, ISBN: 3-924739-09-9

Sathya Sai Baba: Sai Baba erzählt. Kleine Geschichten und Gleichnisse (Chinna Katha). 320 S., bro., ISBN: 3-924739-28-5

Baskin, Diana: Kostbare Erinnerungen – Sathya Sai Baba (Divine memories). Geschichte über die Jahre, in denen die Autorin in Sai Babas Haus lebte. 244 S., bro., ISBN: 3-924739-77-3

Bokelmann, S.: Hingabe - Wesen der Liebe. Diese Zusammenstellung von Aussagen Sathya Sai Babas und Jesu Christi verdeutlicht die Einheit ihrer Botschaften. 120 S., bro., Best. Nr. 1016

Bokelmann, S.: Liebe - Wesen und Botschaft eines Avatars. Aussagen Sathya Sai Babas über die transformierende Kraft der Liebe. 112 S., bro., Best. Nr. 1017

Chibber, M. L.: Sai Babas Mahavakya über Führung – Ein Buch für die Jugend, Eltern und Lehrer zur "Erziehung in Menschlichen Werten". 220 S., bro., ISBN: 3-924739-90-0

Drucker, A.: Ich bin. Der Weg zur höchsten Wahrheit. 96 S., bro., ISBN: 3-924739-93-5

Flach, M.: Meine Begegnung mit der Liebe Gottes. Als Christin berichtet die Autorin über ihre zutiefst bewegenden Erfahrungen mit Sathya Sai Baba. 48 S., bro., Best. Nr. 1022

Friedrich, A.: Weg und Ziel. Sammlung von Aussprüchen Sathya Sai Babas über Ziele, Aufgaben und Regeln der Sathya Sai Organisation. 1991, 46 S., bro., Best. Nr. 1095

Hislop, J.: Gespräche mit Sathya Sai Baba (Conversations with SSB). In Gesprächen mit Dr. Hislop und anderen beantwortet SSB viele uns bewegende Fragen. 160 S., bro., ISBN: 3-924739-02-1

Hislop, J.: Mein Baba und ich (My Baba and I). Bericht eines gottsuchenden amerikanischen Geschäftsmannes über den Weg, den Sathya Sai Baba ihm und anderen zum inneren Gott weist. Mit Faksimile-Briefen von Sathya Sai Baba. 318 S., bro., ISBN: 3-924739-20-X

Kasturi, N.: Die Girlande aus 108 Edelsteinen (Garland of 108 Precious Gems). Die Bedeutungen von 108 Namen Sathya Sai Babas werden erläutert. 136 S., Lein., ISBN: 3-924739-61-7

Kasturi, N.: Easwaramma. Über den Weg der "Mutter" Sai Babas von der religiösen Dorfbewohnerin zur befreiten Seele. 192 S., bro., ISBN: 3-924739-74-9

Kasturi, N.: Sathya Sai Baba. Sein Leben Bd. 1+2 (Satyam, Shivam, Sundaram). Biographie Sathya Sai Babas. Bd. 1: 240 S., kart., ISBN: 3-924739-74-9; Bd. 2: 246 S., kart., ISBN: 3-924739-22-6; Bd. 3-4 folgen.

Krystal, P.: Sathya Sai Baba - Ziel aller Reisen (The Ultimate Experience). Weg einer Amerikanerin zu Sathya Sai Baba u. mit seiner Führung zu ihrem Selbst. 260 S., bro., ISBN: 3-924739-21-8

Kunz Bijno, M.: Der Avatar unserer Zeit. Ein Avatar gilt als göttliche Verkörperung auf Erden. Zitate Sathya Sai Babas über Zweck und Ziel seiner

Inkarnation. 88 S., bro., ISBN: 3-924739-37-4

Kunz Bijno, M.: Es gibt nur einen Gott. Aussagen Sathya Sai Babas zur Einheit der Religionen. 80 S., bro., ISBN: 3-924739-85-4

Liederbuch: Wir singen Deine Namen. Liederbuch mit Noten zur Einheit der Religionen. 220 S., Best.-Nr.: 1056

Malina, H.: Einmal Puttaparthi und zurück. Hinweise und Tips für eine Reise zu Sathya Sai Baba. 83 S., bro., ISBN: 3-924739-73-0

Malina, H.: Sai Bhajans. Sammlung von 108 Lobgesängen (Bhajans) mit deutscher Übersetzung. 200 S., bro., Best. Nr. 1030 - Bhajan-Tonbandkassettensatz zum Liederbuch, 7 Kass., Best. Nr. 2502

Mavinkurve, B.: Die Wiederholung des Namens Gottes (Namasmarana) Zitate Sathya Sai Babas über die Bedeutung dieser Übung. 68 S., bro., ISBN: 3-924739-11-0

Mittwede, M.: Spirituelles Wörterbuch Sanskrit-Deutsch. Über 3000 Sanskritwörter aus den Bereichen Religion, Philosophie, Gottesnamen, Yoga, Vedanta etc. 280 S., bro., ISBN: 3-924739-56-0

Murphet, H.: Sai Baba und seine Wunder. Neben Wissenswertem über Biographie, Sendung und Lehre des Avatars Sathya Sai Baba enthält dieses Buch eine Fülle von Berichten über seine Wunder, mit denen er Menschen segnet, beschenkt und heilt. 272 S., bro., ISBN: 3-924739-86-2

Murthy, M.: Schöpfer und Schöpfung (Nature, God and Man). Vorträge über die Beziehungen zwischen Natur, Gott und Mensch. 40 S., bro., ISBN: 3-924739-39-0

Murthy, M.: Wer ist ein Jünger des Herrn? (Who is a Devotee of the Lord?). Diese Vorträge behandeln die in der Gita beschriebenen Eigenschaften und Qualitäten eines wahren Suchenden. 32 S., bro., ISBN: 3-924739-38-2

Murthy, M.: Wer ist ein Jünger des Herrn? (Who is a Devotee of the Lord?). Diese Vorträge behandeln die in der Gita beschriebenen Eigenschaften und Qualitäten eines wahren Suchenden. 32 S., bro., ISBN: 3-924739-38-2

Murthy, T. S. A: Leben und Lehren von Shri Sai Baba von Shirdi. Biographie der vorherigen Inkarnation Sathya Sai Babas. 208 S., bro., ISBN: 3-924739-82-X

Ralli, Lucas: Sai Botschaften für Dich und mich (Sai Messages for you and me). Die Botschaften offenbaren, dass es für die Menschheit nur eine Religion gibt: die Religion der Liebe und nur einen Weg: den Weg zu Gott. Bro. Bd. 1, 160 S., ISBN: 3-924739-23-4; Bd. 2, 184 S., ISBN: 3-924739-44-7; Bd. 3, 176 S., ISBN: 3-924739-58-7

Roof, Jonathan: Wege zu Gott (Pathways to God). Eine Anleitung zum Verständnis der Lehren Shri Sathya Sai Babas. 200 S., bro., ISBN 3-924739-83-8

Safaya, R.: Die fünf Grundprinzipien der Sathya Sai Lebensphilosophie. 26 S., bro., Best. Nr. 1098

Sandweiss, S. H.: Der Heilige und der Psychotherapeut (The Holy Man and the Psychiatrist). Die innere Entwicklung eines amerik. Psychotherapeuten von Hilflosigkeit und Zweifel zur Erkenntnis der alles durchdringenden Liebe Gottes. 272 S., bro., ISBN: 3-924739-36-6

Sandweiss, S. H.: Weg zu Gott durch Heilung der Seele (Spirit and Mind). Über die Bedeutung der Spiritualität für die Psychotherapie. 344 S., bro., ISBN: 3-924739-64-1

Sathya Sai Philosoph. Vereinigung Wien: Der Mensch auf dem Wege zur Vollkommenheit. Über die fünf menschlichen Grundwerte u. ihre Bedeutung i. d. Erziehung. 46 S., bro., ISBN: 3-900790-01-9

Schau nach innen – Meditation über das Licht. Kinderbuch. Die vorliegende Lichtmeditation basiert auf einer Anleitung, die Sathya Sai Baba zu dieser wirkungsvollen Meditationsart gegeben hat. 32S., bro., ISBN 3-924739-98-6

Thomas, Joy: Das Leben ist ein Spiel – Spiel es! (Life is a game – play it!). Das erste von vier Büchern über den Transformationsprozeß der Autorin als Devotee Babas. 296 S., bro., ISBN: 3-924739-81-1

Thomas, Joy: Das Leben ist eine Herausforderung – Begegne ihr! (Life is a challenge – meet it!). Die Autorin macht durch die Beschreibung ihrer eigenen Transformation deutlich, wie Sai Baba jeden einzelnen seiner Anhänger auf ganz spezielle Weise auf seinen persönlichen Weg führt. 190 S., bro., ISBN 3-924739-71-4